大相撲行司の房色と賞罰

根間弘海
Nema Hiromi

専修大学出版局

本書を妻尚子に捧げる。

私の研究だけでなく、家庭のすべてに
愛情をもって尽くしてくれた。
感謝するのみ。

天覧相撲、明治17年3月、横綱梅ケ谷(初代)の土俵入り。
木村庄三郎(4代)は朱房で、軍配は左端浮き型。

靖国神社臨時大祭之図、明治28年11月、横綱西ノ海の土俵入り。木村庄之助(15代)は朱房で、軍配はくつろぎ型。この錦絵は異なる画題「延遼館ニ相撲天覧之図」(明治24年5月)の複製である。

横綱大砲の土俵入り、明治34年5月。
木村瀬平（6代）は紫房で、軍配は左端支え型。房紐が横に長くなり、房が垂れ下がっている。

横綱鬼面山の土俵入り、明治2年2月。
木村庄之助（13代）は紫房で、軍配は左端浮き型。

横綱境川の土俵入り、明治11年4月。
木村庄之助（14代）は朱房で、軍配は左端浮き型。

横綱梅ケ谷（2代）の土俵入り、明治38年5月。
木村庄三郎（6代）は紫で、軍配は左端支え型。

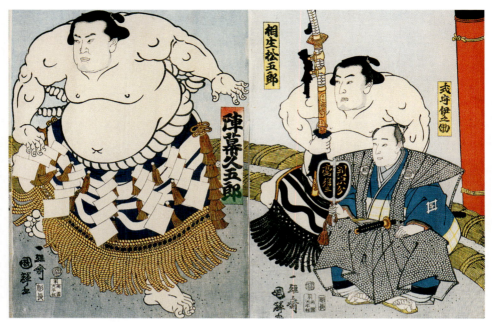

横綱陣幕の土俵入り、慶応3年10月。
式守伊之助（6代）は朱房で、軍配はくつろぎ型。

横綱雲龍の土俵入り、文久元年9月。
木村庄之助（13代）は朱で、軍配はくつろぎ型。

（口絵写真は杉浦弘氏にもご協力いただいた。）

まえがき

　本書は、大相撲の行司に関する7篇の論考と行司に関する年譜を扱っている。論考はそれぞれが別々のテーマを扱っているので、7つの別々のテーマをまとめた一冊の本である。論考は、内容的に、大きく3つに分けられる。軍配の房色に関するもの、行司の階級の昇降や賞罰に関するもの、行司の反乱に関するものである。行司の年譜は戦後以降のものに限定し、主な動きをリストアップしてある。

　内容的に近い論考はまとめて読んだほうがよいが、それぞれがもともと異なるテーマを扱っている。そのため、扱っているテーマや興味のあるテーマなど自由に選んで読み進めてもらってかまわない。なぜ章ごとにテーマが違っているかと言えば、これらの論考は別々に発表する予定だったからである。論考を書き進めているうちに、一冊の本にしてもよいのではないかと考えるようになった。論考はすべて軍配の房色や行司の階級の昇降などに関連しているので、一冊にまとめても違和感はあまりないだろう。

　では、それぞれの章で具体的にどんなテーマを扱っているのかを、次に簡単に示すことにする。

第1章　軍配左端支えと軍配房振り

　ここでは、2つのテーマを扱っている。
(1)【軍配左端支え】　取組の塵浄水のとき、三役行司が軍配の左端を軽く下から支える「軍配左端支え」の所作をする。それについて行司部屋で行司と話していたとき、その所作がつい最近から行われるようになったということを初めて知った。なぜ急に最近それを始めることになったのかに興味を持

ち、調べてみることにした。残念なことに、文献ではいつから始まり、なぜ行うようになったかに関し、何も見つけられなかった。行司の話から、始まった年代がある程度推察できたので、現役の行司や元行司に「左端支え」について尋ねてみた。すると、意外に面白いいきさつや理由がわかった。ここで述べてある話は、行司にじかに聞いたことをまとめたものである。この「軍配左端支え」の所作は明治30年代初期の「映像」でも確認できたし、また20代木村庄之助（松翁）が昭和10年代に語ったインタビュー記事（雑誌記事）でも確認できるのである。「軍配左端支え」は昭和時代に新たに始まったのではなく、明治時代から行われていた所作である。ただし所作を行う行司の地位には変動があったかもしれない。

(2)【軍配房振り】　横綱土俵入りのとき、行司が横綱の後ろで蹲踞し、房を左に右に振り回す「軍配房振り」の所作をする。この房振りがいつから始まったかについて好奇心が湧き、錦絵や相撲の書籍などを調べてみた。すると、それをはっきり示す明治30年代初期の錦絵と「映像」があることが確認できた。しかし、明治の書籍には「房振り」について言及している記述を見つけることはできなかった。それでは、それ以前にはなかったのだろうか、あったのだろうか。横綱土俵入りは寛政元年（1789）に始まっているが、その当時からあったのだろうか。もしなかったなら、いつ頃始められたのか。寛政元年から明治30年代初期までの間で、房振りは始まっていると思われるが、いつ頃始まったのかはまだわからない。明治17年（1884）頃の錦絵やそれ以前の錦絵に「房振り」を示唆するものがあるが、その存在を裏づける確実な証拠はまだ見つかっていない。

第2章　軍配の房色

　現在、軍配房は7色ある。紫、紫白、朱、紅白、青白、青、黒である。この色は行司の階級と一致する。青か黒は幕下以下行司の房色であり、いずれを使用してもよい。この7色がいつ頃から使われだしたかに興味を持ち、そ

の歴史を調べてみることにした。行司の階級は最初から7つあったわけでないので、最初から階級に合わせて7色があったわけではない。それで、どのような階級がどの色であったかを調べるより、階級と関係なくそれぞれの色がいつ頃から使われだしたかを調べることにした。しかし、青を除いた他の6色は江戸時代にも使われているが、江戸時代の「いつ」から使われだしたかを特定することはできなかった。紅白と青白は江戸末期にその存在が確認できるが、いつから使われだしたかとなると、それも特定できない。興味深いことに、よく使われていたはずの「黒」も文献では確認できなかった。しかし、これは資料をもっと丹念に調べれば、その存在が確認できるはずだ。青は明治43年（1910）5月になって初めて現れた房色である。幕下以下行司の房色として、黒とともに青を使ってもよいということがそのときに決まっている。青房はすでに使われていて、明治43年5月の行司装束改正時にたまたま公認したのだという見方も否定できない。しかし、今のところ、その見方を裏づける資料は見つかっていない。

第3章　明治の立行司の紫房

　現在、立行司木村庄之助の軍配房は総紫、式守伊之助のそれは紫白である。総紫と紫白の区別はいつ頃はじまったのか、また明治時代の「紫房」は現在と同様に「総紫」だったのかどうかに興味を持ち、それを中心に明治の立行司の房色を調べてみることにした。結論としては、木村庄之助（16代）の軍配房は「総紫」ではなく、紫糸の中に白糸が1、2本、あるいは数本、混じったものであった。すなわち、「准紫」だった。木村瀬平（6代）も立行司だったが、その軍配房は「准紫」だったのだろうか、それとも白糸がたくさん混じったものだったのだろうか。文献から判断すると、木村庄之助（16代）と同じ「准紫」である。それでは、式守伊之助（9代）の軍配房は木村庄之助（16代）や木村瀬平（6代）と同じだろうか、それとも異なるものだろうか。これも文献から判断する限り「紫白」であり、「准紫」ではない。また、木村庄三郎も明治38年（1905）5月に立行司に昇格しているが、文献

から判断する限り、その房色は9代式守伊之助と同じ「紫白」である。この他にも、木村進と木村誠道が明治末期に准立行司に昇格している。この2人の軍配房は最初から「紫白」となっている。この房色「紫白」は、9代式守伊之助や6代木村庄三郎の「紫白」とまったく同じだろうか。実は、異なっていたのである。では、どのように異なっていたのか。それは紫色と白糸が半々交った「半々紫白」だったのだ。

第4章　行司の黒房と青房

現在、幕下以下行司の房色は黒か青である。しかし、以前は青が幕下、黒が三段目以下の房色と決まっていたとする文献もかなりあり、現在と同じ「自由選択」だったとする文献と「区分け」だったとする文献が混在している。真相はいずれなのか。これに関しては以前にも拙著『大相撲行司の伝統と変化』(2010)の第5章「幕下以下行司の階級色」で取り扱ったが、もう一度調べ直した結果、今回は前著で述べたことと異なる提案をしている。これはより多くの資料を精査した結果である。自分では困った事態になったとも思ったが、新しい見方が以前の見方より真実に近いので、それも仕方ないだろう。今回の新たにわかったことは、青と黒の「区分け」はもともと存在していなかったということである。その「区分け」は『時事新報』(M44.6.10)の記事に始まっているが、それは誤報記事の可能性がある。本章では、そのように結論を出している。新聞記者が勘違いし、たまたま「区分け」の記事を書いたのではないか。その「区分け」記事を相撲通や評論家などがまったく検証することなく、信じ込んでしまった。そしてそれが、色の順序に関するわれわれの感覚と一致するため、当時の一般の人にもその「区分け」がすんなり受け入れられてしまった。興味深いことに、ほとんどすべての行司が、明治44年（1911）6月以降昭和30年（1955）まで一貫して、その「区分け」を認めてはいないのである。

第5章　行司の入れ替え

　行司の出世は年功序列だとよく言われるが、それは黒星を取らず、病気にならず、目立った失態をしないという条件付きの場合である。実際はどの程度、地位に変動があるのだろうか。そのことに興味が湧き、昭和25年（1950）から現在までに限定して調べてみることにした。時代によって「入れ替え」の幅は異なるが、それは「入れ替え」の要因が異なるからである。昭和20年代には2、3回大きな「入れ替え」が行われている。その要因はいくつかあるが、最も目を引くのは義務教育終了者を優先したり、年齢を考慮したりしていることである。これを適用すると、入門が先であっても、後から入ってきた人より下位に下がることがあり、それは後々まで出世に影響する。昭和35年（1960）には賞罰規定が改正され、黒星数が下位行司に適用されなくなり、黒星による「入れ替え」がなくなっている。また、昭和46年（1971）12月には抜擢改正案が作られ、その結果、下位行司が抜擢された「入れ替え」が何回か行われている。幕内筆頭だった行司（木村筆之助）が病気のため[1]、徐々に下位行司に追い越され、ついには番付枠外に記載されるケースも生じている。つい最近も三役筆頭の木村玉光が体調に不安があったため、すぐ下の行司が飛び越えて式守伊之助に昇格している。これも結果的には「入れ替え」である。

第6章　行司の賞罰規定

　行司の賞罰は「相撲寄附行為」の中でどのように規定されているか、また

---

1) 行司の場合、幕内行司や三役行司の中で地位の順位を呼ぶ正式の名称はないようだ。それで、本稿では幕内の場合、一番上の地位にいる行司を「筆頭」、二番目を「二枚目」というように、また三役の場合は「筆頭」、「二番手」と呼んだりしている。これは「第一位」、「第一席」、「第二位」、「第二席」などと呼んでもかまわない。いずれにしても、呼び方にはこだわっていない。

それはどのように変化しているかに興味があり、それを調べてみることにした。すると、賞罰規定の内容も何度か改正されていることがわかった。規定が改正されれば、入れ替えが厳しくなることもあるし、緩和されることもある。たとえば、昭和30年（1955）5月の規定では、黒星4個による降下は立行司を除いて、どの階級にも適用されるが、昭和35年（1960）の規定では、黒星数を序二段以下では限定しないことになっている。昭和46年（1971）12月の規定では、黒星数だけでは昇降を決めない。現在でも、その規定は生きており、原則として黒星数だけで降下することはない。規定では、もちろん、黒星だけについて明記しているわけではない。賞罰にはいろいろな要因があるが、その要因はいつの時代も同じというわけではない。では、どのような要因が規定には明記されているか。この章では、それを詳しく見ていくだけでなく、その適用事例も提示している。さらに、参考のため、付録として末尾に行司全般に関する規定を提示する。

第7章　行司の反乱

　行司が一度だけ協会に「反乱」を起こしたことがある。それは、昭和46年（1971）12月25日から27日までの3日間で、行司31人のうち、30人が辞表を提出したのである。なぜそのような辞表を提出したのだろうか。それに興味がわき、詳しく調べてみることにした。行司側と協会（理事側）が話し合いをしたのは26日と27日の2日間である。話し合いの結果、行司は27日の夜、辞表を撤回し、反乱は終わった。この2日間でどのような話し合いがあったのだろうか。まず、理事側の改革案に対しなぜ行司側が反対しているかを、文書で答えるように、理事側が要求し、それに答える形で、行司側が自分たちの要求を文書で回答している。そして、行司側の要求に対し、理事側が文書で答えている。文書は3つあるが、それはスポーツ新聞等で見ることができる。最初の改革案を除き、2つの文書をまとめるには、行司側と理事側がそれぞれ会合を持ったりお互いに話し合ったりしており、会合のやり取りも新聞等で読むことができる。なぜ理事側の改正案に行司側が不満を抱

き、反乱を起こすに至ったかも、新聞記事や雑誌記事等で詳しく述べられている。2日間の話し合いの結果、表面的には円満解決したが、実際は、行司側が「名」を取り、理事側が「実」を取ったという印象を受ける。ここでは25代木村庄之助個人に焦点を合わせ、彼の生きざまについても詳しく触れたかったのだが、残念ながら今後の課題として残さざるをえなかった。

第8章　行司の年譜

　戦後の行司の主な動きを年代順にリストアップしたものである。これは相撲関連の書籍で見られるものと大同小異である。知識のある人は読み流してもらってよいものであるし、流れに関する知識が不足している方には何らかの形で役立つかもしれない。このリストにある項目を時代に沿って整理しておくと、行司関連の世界が鮮明に見えてくる。これを基に、自分なりのリストを作成してみたらどうだろうか。

　それぞれの論考では考察を重ねた結果として新しい提案をすることがあるが、それは必ずしも正しくないかもしれない。本書をまとめている段階では、正しいと思っているが、資料を読み違えているかもしれないし、判断力不足から間違った考察をしているかもしれない。今後本書の提案を破棄するなり、修正しなければならないものも出てくるかもしれない。本書の論考で取り上げたテーマはそのほとんどが新しいもので、著者としてはたたき台のつもりで提案している。本書がきっかけとなり、取り上げたテーマの研究がさらに深まることを期待している。

　本書をまとめるに際しては、現役行司や元行司に大変お世話になった。各章の論考でもお世話になったことは繰り返し述べてある。特に現役では40代式守伊之助に、また元行司では木村庄之助（29代、33代、35代、36代）4名に、それぞれお世話になった。ここにそのことを記し、改めて感謝の意を表する。

　なお、本書の出版に際しては、専修大学出版局編集長の笹岡五郎氏と編集

者の真下恵美子女史に大変お世話になった。そのことをここに記し、改めて感謝の意を表する。

目　次

まえがき ………………………………………………………………… iii

第1章　軍配左端支えと軍配房振り ……………………………… 1
   1.　本章の目的　　*1*
   2.　軍配左端支え　　*2*
   3.　昭和52年（1977）頃の話し合い　　*4*
   4.　松翁の記事　　*10*
   5.　房振り　　*13*
   6.　明治30年代の錦絵　　*15*
   7.　明治17年（1884）の錦絵　　*16*
   8.　軍配左端浮き型　　*18*
   9.　軍配のくつろぎ型　　*20*
  10.　確認できる事例　　*21*
  11.　今後の課題　　*22*

第2章　軍配の房色 ……………………………………………… 25
   1.　本章の目的　　*25*
   2.　紫と紫白　　*27*
     2.1　吉方兵庫の紫　　*28*
     2.2　9代木村庄之助の紫　　*29*
     2.3　明治43年（1910）後の紫と紫白　　*31*
     2.4　大正時代の式守伊之助の紫　　*33*

2.5　半々紫白の行司　　35
　　　2.6　吉田司家の紫　　36
　3.　朱房　　39
　4.　紅白房　　42
　5.　青白房　　44
　6.　青房と黒房　　47
　7.　今後の課題　　48

第3章　明治の立行司の紫房　　53
　1.　本章の目的　　53
　2.　明治の立行司　　55
　3.　文献の房色　　55
　4.　白糸が混じった紫房　　58
　5.　16代木村庄之助の免許状　　60
　6.　木村家と式守家の最高位　　61
　7.　6代木村瀬平と9代式守伊之助　　62
　8.　6代木村庄三郎　　63
　9.　房色と階級の一致　　64
　10.　木村庄之助と式守伊之助の房色　　66
　11.　木村進と木村誠道の房色　　68
　12.　本章のまとめ　　70
　【追記】紫房の間の区別　　72

第4章　行司の黒房と青房　　77
　1.　本章の目的　　77
　2.　区分けか自由選択か　　80
　3.　『夏場所相撲号』（T10.5）の「行司さん物語」　　82

4. 異なる記述　*85*
5. 昭和18年（1943）以降の現役行司の証言　*87*
6. 区分けの階級の混乱　*90*
7. 黒のみの記述　*92*
8. 空白の期間　*94*
9. 昭和30年（1955）以降の区分け　*96*
10. 結び　*98*

【資料】黒房と青房の文献　*99*

第5章　行司の入れ替え　*103*

1. 本章の目的　*103*
2. 入れ替えの要因　*104*
3. 黒星数による入れ替え　*104*
    A. 地位が戻った例　*106*
    B. 地位が戻らなかった例　*106*
    C. 再度の入れ替えになった例　*107*
    D. 階級の入れ替えになった例　*107*
4. 義務教育終了者の優先的入れ替え　*108*
5. 年齢を考慮した入れ替え　*109*
6. 見習を導入した入れ替え　*109*
7. 病気による入れ替え　*110*
    （1）木村筆之助　*111*
    （2）木村源之助　*112*
    （3）木村玉光　*112*
8. 抜擢による入れ替え　*113*
9. 譲り合いによる入れ替え　*115*
10. 審査による入れ替え　*117*
11. 結び　*118*

【資料】入れ替えリスト　　*121*

第6章　行司と賞罰規定 ……………………………………… *127*
1. 本章の目的　　*127*
2. 「番付編成要領」（昭和30年〈1955〉5月8日施行）　　*128*
3. 「行司賞罰規定」（昭和35年〈1960〉1月11日施行）　　*129*
4. 「行司賞罰規定」（昭和46年〈1971〉12月26日改正）　　*132*
5. 抜擢制の昇進（昭和47年〈1972〉1月）　　*133*
6. 「行司番付編成」（昭和59年〈1984〉11月）　　*136*
7. 昭和51年（1976）5月以降の入れ替え　　*138*
8. 昭和18年（1943）の特進規定　　*142*
9. 結び　　*145*

【資料】「審判規則」の「行司」　　*147*

第7章　行司の反乱 ……………………………………………… *153*
1. 本章の目的　　*153*
2. 協会の発表から妥結までの経過　　*154*
3. 協会の公表した改革案　　*156*
4. 25代木村庄之助の言い分　　*158*
5. 行司側の要望事項　　*160*
6. 協会の回答　　*161*
7. 騒動決着直後のコメント　　*163*
8. 不満の火種　　*165*
9. 職務全般の文書化　　*167*
   - （1）役割と権利　　*167*
   - （2）職種　　*169*
   - （3）裁く番数　　*170*

10. 結び　*173*

第8章　**行司の年譜** ……………………………………… *175*
　　　A. 昭和20年代（1946〜1955）　*175*
　　　B. 昭和30年代（1956〜1965）　*176*
　　　C. 昭和40年代（1966〜1975）　*177*
　　　D. 昭和50年代と60年代（1976〜1989）　*179*
　　　E. 平成時代（1989〜）　*179*

参考文献 ……………………………………………………… *180*

あとがき ……………………………………………………… *183*

拙著と拙稿 …………………………………………………… *187*

索引 …………………………………………………………… *190*

第1章　軍配左端支えと軍配房振り

1. 本章の目的

本章の目的は、次の2つである。

(1) 大相撲では取組の塵浄水のとき、三役以上行司は軍配の左端を支える。この所作はいつ頃から始まったのかを調べる。この所作を「軍配左端支え」と呼ぶことにする。
(2) 横綱土俵入りでは、横綱が四股踏みからせり上がるまでの間に、行司が軍配を左右に振る。この所作はいつ頃から始まったのかを調べる。この所作を「軍配の房振り」と呼ぶことにする。

そして、次のような結論に達している。

(1) 軍配支えが決まったのは、昭和52年（1977）か53年である。確証はないが、昭和52年が最も可能性が高い[1]。昭和52年以前にも軍配支えは散発的に行われているが、それがいつ頃から始まったのかは定か

---

[1] この軍配左端支えの歴史的背景については、特に昭和50年代当時のことを覚えている何名かの行司さんにお世話になった。ここに改めて、感謝の意を表しておきたい。登場する人物の中には、私がじかに確認できない者も何人かいる。そのため、その人について述べてある部分に問題がないとは言えない。本章で述べてあることに何か問題があるとすれば、それはすべて私の責任である。

でない。『映像で見る国技大相撲』（第19号）の中で軍配左端支えをしている映像〔明治33年（1900）〕が映っているが、それ以前にもあったに違いない。また、一定以上の階級の行司だけが行っていたのかどうかも定かでない。昭和11年（1936）の文献によると、軍配の支え方や握り方は「陰」と「陽」を表しているという。老齢や格好よさのために両手で支えているのではない。

(2) 軍配の房振りが始まったのを確実に確認できる資料としては、明治30年代初期に描かれた錦絵や明治33年に撮影した映像がある。房振りがあった可能性をほぼ確実に確認できる資料としては、明治17年（1884）の天覧相撲の梅ケ谷横綱土俵入りを描いた錦絵がある。慶応3年（1867）の陣幕横綱土俵入りの錦絵では軍配が左横向きになっている。しかし、それが房振りを示唆しているのかどうか不明である。慶応3年以前の錦絵では房振りを確認できる所作はまったく見られない。したがって、房振りがあったかどうかもわからない。

横綱土俵入りという儀式では、行司の軍配の持ち方が変化する。その持ち方を説明の便宜上、次の3つの型に分ける。

(1) 軍配くつろぎ型： 軍配を右腿の上やその周辺に立て、左手は左腿の上やその周辺に置く持ち方。
(2) 軍配左端支え型： 軍配を胸付近で横向きに水平にし、左手で軍配の左端を支える持ち方。
(3) 軍配左端浮き型： 軍配を胸付近で横向きに水平にし、左手で軍配の左端を支えない持ち方。

2. 軍配左端支え

平成27年（2015）現在、取組を開始するとき、行司は塵浄水の一連の動き

の中で、三役以上の行司は一瞬軍配を力士に向けるが、その際軍配の左端を支えている。この所作には明確な名称はないが、本章では「軍配左端支え」と呼ぶことにする。幕内以下の行司はこの「軍配左端支え」はしない。軍配の左端は手で支えず、宙に浮いたままになっている。もちろん、右手は軍配を握っている。これは「軍配左端浮き型」になる。

　三役以上の行司が行う「軍配左端支え」だが、支える左手の状態は行司によって微妙に異なる。指全体や指の一部で軍配の下を支える場合もあるし、左端を握っているかのような場合もあるし、左端に手のひらを立てている場合もある[2]。要は、軍配を水平に保つように、その左端を支えていればよいのである。支える指の状態や握り方は行司の好みの反映であり、単なる癖だと理解すればよい。

　拙著『大相撲行司の世界』（吉川弘文館、H23）の中でこの「軍配左端支え」について次のように述べた。

　「力士が塵浄水を切っているとき、行司は軍配を肩の高さで水平にし、西方力士に向ける。東方力士には向けない。（中略）三役力士が登場する取り組みでは、水平にした軍配を左手で支えるが、そうでない力士の取組では支えない。29代木村庄之助によると、三役以上の力士の取組で軍配を左手で支えることに統一したのは24代木村庄之助のときからである。」(pp.77-8)[3]

　『大相撲行司の世界』では「軍配左端支え」のことを「軍配下支え」と呼んでいるが、「軍配左端支え」のほうがよさそうである。支え方は行司に

---

[2] 左手が支えるのが「陽」を表すならば、手の平が上を向いた握り方が適切であり、実際、そのように軍配を支えている行司が多い。しかし、中にはそうでない行司もいる。握り方の名称はどの握り方を適切とみるかによっても変わる可能性がある。
[3] 軍配左端支えについては29代木村庄之助に確認し、そのように記憶していたが、意思疎通がどこかでうまくいかず、私が誤解していたようだ。結果的に、間違った記述になり、29代木村庄之助に大変申し訳ないことをしてしまった。ここで、改めてお詫びをしておきたい。

よって異なり、必ずしも軍配下を支えているわけでないからだ。軍配は同時に右手でも握っているので、「軍配両手支え」と呼んでもよいかもしれない。実際、現役行司の中でもこの所作を「両手支え」と呼んでいた。行司の世界や相撲の世界では、この世界だけに見られる珍しい所作には、必ずと言っていいほど特別な名称が使われているものだが、この「両手支え」の所作についてはそのような名称がない。その点は非常に不思議である。

この『大相撲行司の世界』の記述には、残念なことに事実誤認があり、正しくは次のようになる。

(1) 軍配の左端支えに統一したのは、24代木村庄之助のときではなく[4]、23代式守伊之助（熊谷氏）のときか27代木村庄之助（熊谷氏）のときである[5]。正確な年代は、昭和52年（1977）か53年で、昭和52年であれば23代式守伊之助のときであるし、昭和53年であれば27代木村庄之助のときである。23代式守伊之助は昭和52年11月に27代木村庄之助に昇格している。

(2) 軍配の左端を支えるのは、三役以上の行司が裁く取組で行われる。したがって、取組の力士が幕内格であっても、この所作が行われる。軍配左端支えは力士の格とは関係がないのである。

3. 昭和52年（1977）頃の話し合い

この軍配左端支えがいつ頃から行われてきたかに興味を持ち、現役の行司

---

[4] 24代木村庄之助（鬼一郎）の在任期間は昭和31年1月から昭和41年7月である。20代式守伊之助である。

[5] 熊谷氏は三役の玉治郎から23代伊之助（S49.1）になり、27代木村庄之助（S52.1）になった。定年退職したのは平成2年11月である。

や元行司たちに確認したところ、興味ある話を聞くことができた。電子メールや電話や直接対話で得た情報である。この情報は相撲関連の雑誌や新聞や書物などにはない。その意味でも貴重であり、きっと参考になるに違いない。

(1) 高砂親方（46代横綱）が審判部長であったとき、当時の番付書きであった木村容堂（のちの30代木村庄之助）が番付を見せに持っていたところ、部長から取組の際、軍配の左端を支えるように統一したらどうかという話があったそうだ[6]。部長は当時の行司監督式守錦太夫（のちの29代木村庄之助）にも同じ話をしたらしい。錦太夫がその話を当時の23代式守伊之助（熊谷氏）に伝えたところ、式守伊之助はそれに賛同し行司会で検討した。

(2) 高砂部長は、実は、同じ話を26代木村庄之助（浅井氏）にも話している。以前、ヒゲの伊之助（19代伊之助）や年寄の行司たちが軍配を両手で持っていた姿が格好よかったことを記憶していて、それを現在の行司たちにも統一して行ったらどうかと持ちかけたらしい。しかし、26代木村庄之助はその話を拒絶し、行司会に持ち出さなかった。理由は、軍配を両手で支えているのは、年老いて体力が弱っているからであり、体力があればそのような所作をしないということだった[7]。

---

6) 木村容堂がいつ番付を見せに行ったかははっきりしないが、おそらく26代木村庄之助（浅井氏）が定年退職した昭和51年11月以後であろう。52年1月場所の番付を書き終え、それを見せに行ったに違いない。したがって、51年の暮れから52年の始めだったに違いない。しかし、これは推定であって、確かなことはわからない。

7) 実際は、年寄りだけが左端を支えていたわけではない。若い行司の中にも支える者もいた。昭和30年代初期に行司部屋が独立する以前は師匠の権威や一門の結束が強かったので、兄弟子の行っていることを受け継ぐ傾向があった。そういう雰囲気があったので、行司の所作にも年齢だけでは片づけられないものもあったかもしれない。行司が全体として統一した所作をするようになったのは、昭和30年代に入って、行司監督が指導するようになってからである。

体力のある年寄や若手は両手で支えていない。それに、両手で支える所作に特別な「謂れ」を聞いたこともないし、「謂れ」などそもそもない。このように、26代木村庄之助は考えていた[8]。実際、26代木村庄之助は昭和51年11月に定年退職するまで、軍配を両手で支えることをしなかった。

(3) 26代木村庄之助が辞めた後、高砂部長は自分の考えを主だった行司たちに再び話をした。一種の提案であったようだ。容堂や錦太夫の名前がよく出てくるが、実際は立行司の23代伊之助（熊谷氏）にも話をしていたに違いない。27代伊之助がこれを行司会で取り上げ、検討することにした。それが軍配を両手で支えることになった話の発端である。つまり、高砂部長から提案があり、それを行司会が受け入れ、討議したことになる。

(4) 行司会ではいろいろな意見が出たらしい。年寄が軍配を維持するのに疲れるので左端を支える所作をしているのであって、元気な若い行司がわざわざそれを行う必要はない。実際、以前には、年寄りの行司に左端を支える所作が多く見られたが、中には支えない行司もいたそうだ。また、左端を支える所作に「謂れ」がなく、何のためにそれを行うべきかの伝統的な理由づけがなかった。だがちょうど行司会で討議する頃、三役格の行司が全員軍配の左端を手で支えていた。ちなみに、その三役は正直[9]、伊三郎、錦太夫で、すでに50歳を過ぎていた[10]。

---

[8] あとで触れるが、軍配を両手で支えるには「謂れ」がある。これは20代庄之助のインタビュー記事（昭和11年〈1936〉）の中で見ることができる。26代庄之助が行司として勤めていた頃には「謂れ」が受け継がれていなかった可能性が高い。少なくとも26代庄之助に「反駁」していない。

(5) 高砂部長は初め幕内格以上だという私見を述べていたようだが、特別に一定の階級に固執していなかったらしい。とにかく、一定以上の階級の行司がそろって統一した持ち方をしてもらいたいということだった。行司会では、幕内以上という意見や有資格者（つまり十両格以上）という意見も出た。雑談のような形式の討議で、いろいろな意見が出されたが、結局、まず初めに三役格以上で行い、後でどの階級から行うかを決めようということになった。三役以上の行司はすでに左端支えを行っていたので、反対はしなかった。上位陣にしてみれば、すでに左端支えを行ってきているので、自分たちの行っていることを再確認するだけの話である。問題は、それを幕内まで下げるかどうか、また三役以上でも行司の自由意志に任せるかどうかであった。これは、今後検討する課題として残した。

(6) 実際に行ってみると、特別に支障もなかったし、見栄えもよく、評判もよかった。行司会の中でも賛同する意見が多かったので、三役以上の行司のみに限定されてそのまま行われるようになった。試験的に三役格以上の行司として決めて実施してみたところ、特別に反対意見も出ず、いつの間にか継続するようになったというのが真相らしい。なぜそうなったかと言えば、行司会と言っても行司全員が一堂に揃って討議するわけでなく、行司会で重要な仕事に携わっている人たちが口

---

9) 正直は昭和52年11月に24代式守伊之助に昇格し、昭和59年3月に定年退職している。したがって、木村庄之助にはなっていない。おそらく、両手で軍配を支えることを討議している当時は三役格の身分で、まだ伊之助に昇格していなかったかもしれない。その辺が、実は微妙である。
10) この3名の行司は昭和52年当時、三役の頃も軍配を両手で支えているので、年寄りというより中堅である。体力が衰えていたとは思われない。それを考慮すると、当時はもうすでに、年寄りだけが両手で軍配を支えるという考えはなくなり、若手あるいは中堅の行司の中でも両手で支えることに抵抗感はなくなっていたようだ。しかし、幕内行司の中にも両手で支えるものがいたのかどうかはわからない。

頭で非公式に話し合って決めていたためである。もちろん、最終的な決断を下すのは、最高位の立行司である。その行司が23代式守伊之助（熊谷氏）であり、27代木村庄之助（熊谷氏）である[11]。もし三役行司以上の中から左端支えを幕内格まで下げたらどうかという意見が出たならば、それをどうするか、行司会で討議したはずだが、そういう意見は三役以上の行司からも幕内行司からも出なかったらしい。実際に行ってみて、適当な時期に改めて検討することになっていたが、その後、行司会の公式の会議では検討していないようだ。つまり、三役以上の行司で行っていたことが自然に認められ、いつの間にか定着したらしい。それが現在まで続いていることになる。

(7) 26代木村庄之助（浅井氏）は昭和51年11月に定年退職するまで、高砂部長の提案した左端支えを拒否し、定年退職するまで軍配を両手で支えることはなかった。これは、すでに述べた。軍配左端支えが話題として再び持ち上がったのは、26代木村庄之助（浅井氏）が定年退職した後である。したがって、この話題が行司会で取り上げられるようになったのは、昭和51年11月以降となる。行司会でそれを討議し、実施するようになったのは、昭和51年と52年のうちいずれだろうか。

(8) 軍配左端支えが行司会で決まったのは、26代木村庄之助が退職した後だが、昭和51年11月から52年9月までの間なのか、それとも52年11月以降のことなのか。いずれかを断定する確実な話は残念ながら聞くことができなかった。何名かの行司に何とか思い出してもらえないかと再三お願いしたが、26代木村庄之助（浅井氏）が辞めてから何場所目かに始まったとしか思い出せないという。この「何場所か」を

---

11) 熊谷氏が23代伊之助のときに決まったのか、27代庄之助のときに決まったのか、実際のところ、定かでない。26代庄之助が昭和51年11月に退職したので、そのあと52年9月まで立行司は23代伊之助一人だった。

第1章　軍配左端支えと軍配房振り

2、3場所として理解すれば、23代式守伊之助（熊谷氏）が立行司1人の時期になる。つまり、昭和52年1月から昭和52年9月の間となる。それを数場所として理解すれば、27代木村庄之助（熊谷氏）と24代式守伊之助（正直）が昇格した昭和52年11月以降となる。結論を先に言えば、私は前者の時期だったと推定している。

(9) 木村正直は昭和52年11月に24代式守伊之助になった。それ以前はもちろん三役行司である。三役時代に正直はすでに軍配左端支えを行っていた。行司会で軍配支えを話題にしたとき、正直がすでに立行司となっていたことを示唆するような話はまったく出てこなかった。つまり、正直が立行司に昇格してから、軍配左支えが決まったという話は出てこないのである。ところが、23代式守伊之助（玉治郎の熊谷氏）のとき、統一されるようになったという話はたくさん出てくる。玉治郎や熊谷親方の名前は頻繁に出てくるのである。正直は新しい立行司で発言を遠慮していたため、名前が出ないのだとも言えるが、「立行司」という立場上、27代庄之助（熊谷氏）と同じように話題の中に出てきてもおかしくない。おそらく、立行司が27代庄之助1人のときだったので、玉治郎や熊谷氏の名前が頻繁に出てくるのだろう。立行司にはそれだけ権威があり、発言力もある。そういう背景に重きをおけば、「軍配左端支え」に統一されたのは、昭和52年1月から昭和52年9月の間である。もう一つ考慮したのは、すでに指摘したように、26代庄之助（浅井氏）が辞めて「何場所か」に行司会で討議したということである[12]。23代伊之助（熊谷氏）も同じ立行司とはいえ、年配であり格が一枚上の26代庄之助には遠慮せざるをえなかったに違い

---

12) 番付書きをしていた容堂に高砂部長が軍配左端支えについて話をしたのが、26代庄之助が辞めた直後の場所だとすれば、おそらく昭和52年に決まったとするのが自然である。行司の話に出てくる「何場所か」にも適合する。行司間で意見が一致すれば、実施に移すには時間はかからない。来場所からで実施してみようと決まった可能性もある。しかも、当時、三役以上は全員、左端支えをやっていた。

9

ない。しかし、23代伊之助は、そのとき立行司1人であり、自分の考えを堂々と主張することができただろう[13]。

　本章では、軍配左端支えが行司間で統一されたのは昭和52年1月から9月の間に違いないとしているが、それは行司たちの話の中で出るヒントを基に下した推論である。決定的な証拠があって出した結論ではない。もしかすると、左端支えは昭和52年ではなく、昭和53年に始まったかもしれない。すなわち、本章の推論は間違っているかもしれない。この推論が間違っているか、それとも正しかったかは、今後の研究に委ねたい。決定的な証拠となるものが相撲を扱っている雑誌や書籍などにないかを調べてみたが、残念ながら見当たらなかった。また、昭和52年から53年当時、勤めていた行司たちの話の中にヒントになるものがないかを探し、それについて行司たちに直接尋ねてみたが、記憶があいまいで確かな年代はわからなかった[14]。

4. 松翁の記事

　昭和52年（1977）後は、三役格以上は「左端支え」をしているが、それ以

---

[13] 23代伊之助（熊谷氏）は伊之助時代、軍配左端を支えていたので、高砂部長の提案に賛同していたはずだ。この23代伊之助が三役（S41〜S48.11）になったと同時に、そのような所作を始めたかどうかはわからない。兄弟子がヒゲの伊之助なので、その可能性は高い。また、昭和41年当時、軍配左端支えをどの階級から始めるかという取り決めもなかったはずだ。もしかすると幕内から始めていたかもしれない。三役になった頃には左端を支えていなかったが、ある時期から支えるようになったかもしれない。昔は、左端支えが年寄りの所作のような印象を与えているが、真相は必ずしもはっきりしないのである。

[14] 本章を書き終えてから確かな年代を証明する話が聞けるかもしれない。記憶は何かの拍子に浮かぶ場合も少なくないからである。しかも、当時のことを知っている行司はまだ健在である。記憶があいまいであっても、それを補足する証拠は出てくることもある。総合的に判断すれば、確かな年代は判断できる場合も少なくない。

第1章　軍配左端支えと軍配房振り

前はどうだったかを簡単に述べておきたい。三役以上の中には左端支えをしている行司もいれば、そうでない行司もいた。たとえば、26代木村庄之助（浅井氏）は昭和51年11月に定年退職するまで一貫して左端を支えてはいない。しかし、幕内行司の中に左端を支えていた行司がいなかったかとなると、確かなことはわからない。ただ行司の話の中では、軍配左端を支えていたのは、どちらかと言えば、体力的に衰えた年寄りだったという。体力に自信のある行司はその所作を避けていたようだ[15]。昭和52年以前、どれくらいの行司が左端を支え、また支えていなかったかを知るには、今後の研究に俟たなければならない。

　ところで、26代木村庄之助は軍配左端支えには「謂れ」はないと考えていたようだが、実は、あった可能性がある。というのは、「木村松翁（庄之助）氏に行司の持ち器のことを訊くの記」(S11.10.5)に次のような記述がある[16]。

「式守は団扇を陽（掌を上にして）持ち、木村は軍配を陰（掌を下にして）持ちます。塵を切るときは一力士の相対礼に立合うときは式守、木村いずれも右を陰にし、左を陽に建向を受けます」

26代木村庄之助が活躍していた頃には、その「謂れ」が行司仲間に受け

---

15) 軍配支えを老齢の行司が行っていたという印象から推測すると、軍配支えはある一定以上の階級の行司が行っていたのかもしれない。以前は定年制がなかったため、上位陣には年寄りが多かった。そのため、年寄り行司が軍配支えを行っていたように映ったかもしれない。逆に、年寄りでない若手の行司は軍配支えをする資格に達していなかったかもしれない。

16) これはインタビュー記事である。相撲の月刊誌『相撲と野球』(S18.1, p.54)にこの記事とほぼ同じものが「参考録」として掲載されている。この記事の中の「建向」は「串の先」の意である。軍配の左端という意味に解釈して間違いない。軍配に左手を添えるときは右手を陰にして持ち、左手を陽に受ける。これは「陰陽和合」を表している。なお、この記事のタイトルの「持ち器」は、雑誌では「持用器」となっている。

継がれていなかったかもしれない。その「謂れ」が明治の頃から行司仲間で語り伝えられていたかどうかは明らかでないが、軍配左端支えには陰陽の観点から理由づけがあったらしい。これが20代庄之助（松翁）だけの考えでないことは、力士を呼び上げるときの軍配の持ち方にも違いがあることからもわかる。少なくとも昭和10年代には「謂れ」が受け継がれていたが、26代木村庄之助が行司として勤めていた頃には理解されていなかったに違いない。なぜなら、26代庄之助が「謂れ」などないと語ったとき、誰も反駁していないからである。

たとえば、『映像で見る国技大相撲』（第19号）では[17]、立行司は軍配左端を手で支えている。大砲と小錦の取組（行司は木村瀬平）と荒岩と常陸山の取組（行司は木村庄之助）で、行司は軍配の左端を一瞬支えている。軍配左端支えの基準がどこにあったかは定かでないが、それが存在していたことは確実である。興味深いことに、朝汐と梅ケ谷の取組（行司は木村瀬平）では、行司が軍配を自分の頭の上に置いている。その所作が何を意味しているかは不明である。他の取組では、現在の幕内以下行司と同じ所作である。明治33年（1900）当時、軍配左端支えがあったことは確実だが、それがどういう基準で行われていたかは不明である。映像の取組数が限られているため、確認できない。また、明治33年以前は、いつ頃からその所作が始まったかもわからない。左端支えが現在の基準と同じだったかどうかも、今のところ不明である。このように、左端を支える所作を巡っては、まだ解明すべき点がたくさんある[18]。

---

17) この映像は本場所を撮影したものではない。土俵の背後に幕が張ってあるし、客は一人もいない。四本柱もない。取組の顔ぶれから察すると、巡業中に映像用として撮影したようだ。

18) 南部相撲の『相撲極伝之書』には軍配を両手で支える所作が図で示してある。南部相撲では、この所作はずっと昔からあったようだが、江戸相撲でどういう場面でこの所作をし、いつ頃からそれが行われていたかは不明である。また、塵浄水のときに、この所作があったのかどうかも不明である。たとえこの支えがずっと以前からあったのだとしても、どの階級から行われていたかを調べなければならない。

5. 房振り

　現在の横綱土俵入りでは、横綱が四股踏みをし、せり上がりをしている間に「軍配の房振り」をする。房振りをいつ、どのタイミングで行うかについては決まった規則はない。横綱が四股踏みをし、せり上がる間に房を振り終えていればよいのである。行司によって横綱のどの動きで房を落とし、それを左に右に振るかは微妙に異なる。房を軍配の外側で振る行司もいるし、内側で振る行司もいる。いずれも許容されている。横綱がせり上がりの動作を終える頃には、行司は房振りをすでに終えている。そして、房を適当に折りたたみ、右手に持ち、軍配を横向きに水平にし、左端を手で支えている。それから横綱の動きに合わせて、土俵際に向かい、そこで蹲踞する[19]。

　本章では、この房振りがいつ頃始まったのかを論じる。これまで房振りがいつ始まり、どのような錦絵や資料に房振りが認められるかということについての研究はされていない。ずっと昔から房振りはあったはずだと考えられていたのかもしれない。しかし、その昔というのはいつ頃のことかとなると、具体的な時期は定かでないはずだ。本章はこれに挑戦したものである。そして、結論は決定的なものではなく、中間報告のような暫定的なものである。さらに研究を重ねれば、房振りがいつ頃始まったかを特定できるような錦絵や他の資料が見つかるかもしれない。

　本章で活用した資料は、主として錦絵である[20]。錦絵と言っても、相撲関連の文献の中で見られるものに限られている。したがって、量的にかなり

---

19) 横綱土俵入りでは最初と最後に蹲踞の姿勢で一礼をする行司もいる（現役では玉治郎）。また最後に立ち上がった後、一礼する行司もいる（現役では40代伊之助）。どの姿勢で、いつ一礼するかは行司によって異なる。一礼することにポイントがあり、そのやり方は行司に任せているようだ。明治時代の映像を観ると、蹲踞して手を土俵につけ一礼している。両手をつけた行司もいたかもしれない。この一礼の儀式は、本章の房振りの研究と直接係わりない所作である。

限定された錦絵である。実際は、文献では見られない錦絵も数多いので、探し求めている肝心の錦絵を見落としているかもしれない。たとえば、房振りの様子を明確に描いてある錦絵が明治17年以前にあるにもかかわらず、それを見ていないかもしれない。手元にある文献の中に房振りの様子がわかる決定的な証拠があるにもかかわらず、そのような錦絵を見落としているのかもしれない[21]。

　明治30年代になると、当時の土俵入りを撮影した映像がほんの少し残されているので、それも活用することができた。江戸時代や明治時代の文献で、土俵入りの房振りについて記述したものがないか調べてみたが、残念ながら、見つけることができなかった。いずれにしても、房振りを明確にできる明治17年以前の資料が見つかれば、本章で述べていることは修正しなければならない。探し求めている錦絵や資料はほんのわずかでも見つかれば、それが裏づけとなる貴重な証拠になるからである。本章の研究には、そういう可能性が大いにあることを指摘しておきたい。

20）　土俵入りを描いてある錦絵が実際の場面を描いてあるとは限らない。土俵入りは動きのある一連の動作の連続であり、絵師はその一部を強調しているかもしれないし、いくつかの動作を組み合わせて描いてあるかもしれない。房振りが行われたのにもかかわらず、それを描いていないかもしれない。錦絵の情景からその直前の所作を推定するのは間違っている可能性もある。錦絵が描かれた当時、その推定した所作はなかったかもしれないからである。いずれにしても、錦絵は特定の場面を描いているが、それは必ずしも真実そのものでないかもしれない。

21）　横綱土俵入りは寛政元年11月場所（冬場所）の7日目に初めて行われている〔酒井著『日本相撲史（上）』(p.166)〕。その土俵入りで行司がどんな役割を果たし、どんな所作を行ったかはわからない。また、寛政3年の上覧相撲では谷風と小野川の横綱土俵入りが行われているが、行司が房振りをしたのかどうかはわからない。この上覧相撲では露払いと太刀持ちも登場しているので、横綱が何らかの動きをしているはずである。その間、行司がどのように軍配を持ち、どのような所作をしたのかは不明である。土俵入りの間ずっと、軍配を右腿に立てていたかもしれない。当時の錦絵では、「軍配くつろぎ型」が多く見られる。

第1章　軍配左端支えと軍配房振り

6. 明治30年代の錦絵

　房振りを明確に確認できる資料として、明治30年（1897）頃に描かれた錦絵や明治33年頃に撮影した映像がある。

(1) 小錦横綱土俵入りの錦絵、明治30年頃、春斎筆、木村庄之助。和歌森著『相撲今むかし』（p.77）。
　　横綱が四股踏みをしているとき、行司は房を左手で握っている。この錦絵は房振りの所作そのものを描いているわけではないが、房を左腿付近まで伸ばし、その先端付近を左手で握っている。先端は左腿の外側で垂れている。これは房振りがすでに行われたことを表している[22]。

(2) 小錦横綱土俵入りの映像、明治33年。『映像で見る国技大相撲』（第19号）。
　　これは明治33年に撮影された映像である[23]。横綱小錦が四股踏みをしているとき、行司木村瀬平は房振りをしている[24]。土俵入りは一

---

22) 南部相撲の『相撲極伝之書』には軍配房を左腿あたりまで長く伸ばす所作がある。これは横綱土俵入りとは関係なさそうだ。この所作を江戸相撲との関係でどう捉えるべきかはっきりしない。もしこれが普通の所作であったならば、取組でも頻繁に見られたはずだ。それを描いた錦絵がもっとたくさんあっても不思議でないが、そういう錦絵はめったに見られない。いずれにしても、この所作はもっと調べる必要があることを指摘しておきたい。
23) このビデオには解説書がついており、土俵入りの映像は明治33年に撮影したものと記されている。取組の映像もあるが、それは明治39年頃のものらしい。なお、房振りと関係ない次の所作がある。横綱土俵入りを引く行司は最初、軍配を持たずに、土俵上で蹲踞している。後で、付き人か誰かに軍配を手渡され、土俵入りを始めている。

連の動作がいくつかあるので、錦絵では絵師がどの所作を描いているか、判断が難しいことがある。映像の場合、その一連の動きがはっきり映っているので、明治33年には房振りがあったことを示す確実な証拠である。先に見た小錦横綱土俵入りの錦絵で、房が左腿付近まで伸び、その房を左手で握っているのは房振りの証拠だと指摘したが、それはこの映像でも再確認できる。明治33年頃に房振りがあったのなら、明治30年頃にもすでにそれがあったとするのは自然である。

(3) 大砲横綱土俵入りの錦絵、明治34年頃、玉波画、木村瀬平。堺市博物館制作『相撲の歴史』(p.77)／学研発行『大相撲』(pp.166-7)。
　この錦絵では、横綱大砲が土俵中央で四股を踏んでいるとき、木村瀬平が軍配を左手で支えている。左手の薬指と小指の間から紫房が垂れている。木村瀬平は房を左手まで伸ばしているが、これは木村瀬平の好みだったかもしれない。房振りでは房は折りたたんで右手に持つのが普通である。この錦絵でも房振りそのものは確認できないが、房の伸び方や軍配の左端支えなどから、房振りがあったことは間違いないと言ってよい。

7. 明治17年（1884）の錦絵

　軍配が左横向きで、房が左腿をまたいで長く伸びている状態を描いた錦絵もある。だがその数はかなり少ない。これは房振り後の状態を描いたものかもしれないし、そうでないかもしれない。本章では、次の3つの事項を満た

---

24) 行司は木村瀬平と判断したが、別の立行司かもしれない。錦絵でも行司名が記してあれば問題ないが、それがない場合、判断が間違っている可能性もある。横綱土俵入りは立行司が引くので、行司名にあまりこだわる必要はない。本章の観点では、行司名ではなく、房振りの有無である。

せば、直前に房振りがあったと解釈している。

- **房振り動作があったとする3つの事項**
  (1)　横綱が四股踏みの動作をしている。
  (2)　軍配が胸付近で左向きになっている。
  (3)　伸びた房を左手で持っている。

次の錦絵はこの基準を満たしている。

- 天覧相撲の梅ケ谷横綱土俵入りの錦絵、明治17年、国明画、木村庄三郎[25]。和歌森著『相撲今むかし』(pp.72-3)／酒井著『日本相撲史（中）』(p.70)。
　　房が左腿のほうへ伸び、その先端が垂れ下がっている。軍配は左横向きになっているが、左端を手で支えていない。この房の状態は房振りが行われていたことを示しているはずだ。しかし、木村庄三郎は横綱の四股踏みの間ずっと、軍配を左横向きに維持していた可能性もある。

この錦絵では房が左腿まで伸びている。もし房振りが行われていなかったなら、房をわざわざ伸ばすための所作をしなければならない。横綱土俵入りで房振りをせず、わざわざ房を伸ばす所作があったか否かは不明である。本章ではそのような所作はなかったはずだと推測している。もしこの推測が正しければ、明治17年にはすでに房振りがあったことになる。しかし、この推測が間違っていれば、明治17年に房振りがあったかどうかは定かでないことになる。

---

25) 明治17年の天覧相撲を描いた錦絵はいくつかあり、土俵入りの様子も異なっている。軍配を左横向きに水平にしながら、房を折りたたんで右手に持っているものもあるし、房を左腿あたりまで長く伸ばしているものもある。いずれかが正しいはずだが、どれが正しいのかわからない。軍配が横向きの場合、いずれも許容されたのかもしれない。

8. 軍配左端浮き型

軍配を左横向きにし、その左端を手で支えない。

〈江戸時代〉
(1) 陣幕横綱土俵入りの錦絵[26]、慶応3年（1867）、国輝画、式守伊之助。学研発行『大相撲』（pp.116-7）／田原町博物館編『相撲錦絵展』（p.15）。

国輝は横綱陣幕の横綱土俵入りを2枚描いている。図柄は明らかに異なる。たとえば、横綱の左手の位置や鯱ノ海の座る位置が違う。

(2) 陣幕横綱土俵入りの錦絵[27]、慶応3年、国輝画、式守伊之助。田原町博物館編『相撲錦絵展』（p.19）。
　　　この錦絵では、軍配は右腿に立てている。

軍配を左横向きに水平に保つことが「房振り」を示唆しているのであれば、房振りは少なくとも慶応3年にはあったことになる。しかし、「軍配左端浮き型」の持ち方だけでは房振りがあったかどうかはわからない。軍配の左横向きは房振りと関係なく、別の所作かもしれないのである。すなわち、房を振らなくても、軍配を左横向きにする所作があったかもしれない。

---

26) 陣幕は慶応3年1月に五条家から、慶応3年11月に吉田家から横綱免許を授与されている。五条家の免許状は酒井著『日本相撲史（上）』（p.391）で見られる。横綱としての在位は2場所。
27) 横綱陣幕の土俵入りを描いた別の錦絵でも軍配を右腿に立てている〔池田編『江戸相撲錦絵』（p.64）〕。図柄は違うが、同じ絵師（国輝）が描いている。

〈明治時代〉
（1）鬼面山横綱土俵入りの錦絵、明治元年（1868）から3年、国輝画、式守伊之助。池田編『江戸相撲錦絵』(p.65)／学研発行『大相撲』(pp.116-7)／田原町博物館編『相撲錦絵展』(p.19)。
（2）境川横綱土俵入りの錦絵、明治11年（1878）、国明筆、式守伊之助。酒井著『日本相撲史（中）』(p.38)／学研発行『大相撲』(pp.142-3)。

明治17年以前には、横綱土俵入りで「軍配左端支え型」の錦絵は見当たらない。おそらく、軍配の左端を支えるようになったのは、明治17年以降であろう。たとえば、次の錦絵では軍配を左手で支えている[28]。

（1）大砲横綱土俵入りの錦絵、明治34年（1901）、玉波画、木村瀬平。堺市博物館制作『相撲の歴史』(p.77)。
（2）大砲横綱土俵入りの錦絵、明治34年、玉波画、木村瀬平。学研発行『大相撲』(pp.166-7)。

〈現在〉
現在の横綱土俵入りでは、行司は「軍配左端支え型」の持ち方であり、「軍配左端浮き型」と「くつろぎ型」の持ち方はない。現在の持ち方がいつ頃定着したかはわからない。現在、「くつろぎ型」の持ち方は、弓取り式の中で見られる。

---

[28] 明治17年から明治33年の間の錦絵や明治17年以前の錦絵で、軍配を両手で支えているものを見ていないが、たまたま見落としている可能性がある。もしそのような錦絵があったなら、軍配を両手で支えるかどうかは行司の自由だった可能性がある。なぜなら両手で支えないのが圧倒的だからである。

9. 軍配のくつろぎ型

　軍配を右腿に立てて、特に房を折りたたんで右手に持っている場合、房振りがあったかどうかは不明である[29]。

〈江戸時代〉
(1) 谷風・小野川両横綱土俵入りの錦絵、寛政3年（1791）頃、春英画、木村庄之助。酒井著『日本相撲史（上）』（口絵）／堺市博物館制作『相撲の歴史』（p.38）。
　　寛政元年に谷風と小野川が横綱として誕生した。その頃は、土俵入りの間、行司は軍配を腿の上に立てるのが普通だったようだ。この錦絵では左手は描かれていないが、軍配を右腿の上に立てている。
(2) 秀ノ山横綱土俵入りの錦絵、弘化4年（1847）[30]、豊国画、木村庄之助。酒井著『日本相撲史（上）』（p.332）[31]。
(3) 雲龍横綱土俵入りの錦絵、文久元年（1861）、国貞画、木村庄之助。酒井著『日本相撲史（上）』(p.378)／池田編『相撲百年の歴史』(p.74)。
(4) 不知火（光）横綱土俵入りの錦絵、文久3年、国貞画、式守伊之助。酒井著『日本相撲史（上）』(p.378)。
(5) 陣幕横綱土俵入りの錦絵、慶応3年（1867）、国輝画、式守伊之助。田

---

29) 江戸末期に房振りがあったことを証明する写本がないか、何冊か調べてみたが、残念ながら見つけられなかった。横綱土俵入りを描いた錦絵はいくらかある。横綱土俵入りは威厳ある儀式なので、その中に房振りの所作があったなら、それを確認できる錦絵があってもよさそうだ。しかし、今のところ、錦絵でも確実な証拠はまだ見つかっていない。
30) 秀ノ山は弘化4年に免許を受けている〔酒井著『日本相撲史（上）』(p.332)〕。
31) 横綱秀ノ山の土俵入りを描いた別の錦絵がある〔学研発行『大相撲』（豊国画、式守伊之助、pp.84-5)〕。この錦絵でも軍配は右腿に立てている。

原町博物館編『相撲錦絵展』(p.19)[32]。

〈明治時代〉
(1) 不知火横綱土俵入りの錦絵、慶応3年から明治2年（1869）、国輝画、式守伊之助。田原町博物館編『相撲錦絵展』(p.19)。
(2) 朝日嶽横綱土俵入りの図[33]、明治11年頃、式守伊之助。酒井著『日本相撲史（中）』(p.48)。
　　学研発行『大相撲』(p.154) にも朝日嶽横綱土俵入りの図がある。これは写真でもないし、錦絵でもない。式守伊之助は軍配を右腿に立てている。

10. 確認できる事例

　これまで見てきたように、明治17年（1884）から23年（1890）までの錦絵では房振りを確実に証明することは指摘できないが、それがあったことを推測させる錦絵がいくつかあった。それで、本章では明治17年には房振りがあったという解釈をしている。明治30年代に入ると、房振りを確認できる錦絵や写真や映像は比較的豊富だ。いつか、明治17年から33年の間だけでなく、明治17年以前にも房振りを確実に確認できる資料が見つかるかもしれない。
　ここでは、明治30年代から昭和初期までに房振りが確認できる題材をい

---

32) 陣幕横綱土俵入りでは、先に見たように、同じ絵師でありながら、軍配を「左端浮き型」で描いた錦絵もある。ほとんど同じ場面を描いていることから、当時、軍配をどのように持つかは決まっていなかったかもしれない。もしこれが正しい見方なら、房振りの判断はなお一層難しくなる。「くつろぎ型」の持ち方でも房振りがあった可能性があるからである。
33) 五条家から明治11年に横綱免許。山形地方だけの免許だったらしい〔酒井著『日本相撲史（中）』(p.38)〕。これは写真である。

くつか示すことにする。これは、単に参考のためである。なぜなら、いったん房振りが確認できる年代がわかれば、それ以降は、房振りは途絶えることなく現在まで続いているからである。

〈明治時代〉
  (1) 常陸山横綱土俵入りの映像、明治39年（1906）頃。『映像で見る国技大相撲』（第19号）。
  (2) 太刀山横綱土俵入り写真、明治44年（1911）。景山編著『古写真、ブロマイド、カードで見る大相撲』（p.68）。

〈大正時代〉
  (1) 大錦の土俵入り写真、大正6年（1917）頃。景山編著『古写真、ブロマイド、カードで見る大相撲』（p.70）。
  (2) 栃木山土俵入り写真、大正7年。池田編『相撲百年の歴史』（p.149）。

〈昭和時代〉
  (1) 横綱双葉山の土俵入り写真。昭和10年代。景山編著『古写真、ブロマイド、カードで見る大相撲』（p.37）。
  (2) 横綱玉錦の土俵入り写真、昭和7年から13年（1932-1938）の間。池田編『相撲百年の歴史』（p.170）。

時代が現在に近づくにつれて、房振りを確認できる資料は豊富にある。逆に、時代が遠くなればなるほど、資料は少なくなる。そのため、房振りの確認も難しくなる。特に、明治30年以前には、それが顕著である。

11. 今後の課題

本章では、房振りをはっきり確認できるのは明治30年代初期としている

が、明治17年の天覧相撲の錦絵でも「3つの事項」が確認できることから房振りはあったはずだと解釈している。慶応3年の錦絵では房振りの可能性があるが、そうでない可能性もある。なぜなら、軍配を左横向きにするのは房振りと関係ない所作かもしれないからである。明治17年の錦絵にしろ、慶応3年の錦絵にしろ、本章では房振りがあったことを確実に指摘できなかった。今後は、これらの錦絵を参考にしながら、いつ頃から房振りがあったか、その証拠を見つけることである。

　房振りがいつ頃始まったかを調べるとなると、少なくとも次の可能性を検討することになる。

(1) 房振りは寛政時代からあった。横綱土俵入りは寛政元年に始まっているからである。
(2) 房振りは寛政時代から慶応時代までの間に始まった。それはいつか。時の経過とともに軍配の持ち方も変化している。最初は「くつろぎ型」が多かったが、江戸末期には「左端支え型」も見られる。この変化は房振りにも影響しているかもしれない。
(3) 房振りは明治時代に始まった。明治30年代初期には房振りの確かな証拠があるが、それ以前は可能性が確認できるだけである。たとえば、本章では明治17年には房振りがあったと推測しているが、実際にはなかったかもしれない。真実はいずれか、確かな証拠を見つけなければならない。

　研究を重ねていけば、房振りを確認できる錦絵や資料が他に見つかるかもしれない。見つかった資料が古ければ古いほど、それだけ房振りの始まりを知る手がかりとなる。房振りが始まったことを記した資料は見つからないかもしれないが、房振りの様子を描いた錦絵や資料は見つかるかもしれない。そのような資料を見つけることも今後の課題の一つである。

第2章　軍配の房色

1. 本章の目的

　現在、房色は7種類である。総紫[1]、紫白、朱、紅白、青白、青、黒である。房色と行司の階級には密接な関係があり、房色を見ればその行司の階級がわかる[2]。現在の房色、草履、階級は、次のようになっている。

- 行司の房色と草履

立行司	（木村庄之助）	総紫	草履
	（式守伊之助）	紫白	草履
三役		朱	草履
幕内		紅白	足袋
十両		青白	足袋
幕下以下		青か黒	素足

本章の目的は、主として次の3点である。
（1）それぞれの房色はいつ頃から使われだしたか。それを文献で確認す

---

1) これは「純紫」と呼ぶこともある。
2) 房色や履物以外にも、階級によって着用品にも違いがある。たとえば、立行司は短刀を携帯するが、それ以外の行司は携帯しない。直垂についても十両以上は裾を広げているが、幕下以下は膝下で絞っている。

る。
(2) 明治40年（1907）代の「紫」は2種類だったのか、それとも3種類だったのか。
(3) 大正時代の初期、11代式守伊之助（進）は白糸交じりの「紫白房」から「真の紫房」（つまり「総紫」）に変わったという新聞記事がある。また、12代式守伊之助（誠道）は当時、「紫房」を許された3名の立行司の一人だという雑誌記事もある。当時、「紫白房」から「総紫」に変わったり、二番手の式守伊之助が主席の木村庄之助と同じ「紫房」を許されたりしただろうか。これは木村庄之助が「総紫」、式守伊之助が「紫白」という従来の慣習に違反しないだろうか。

　本章では、軍配の紐とその先端の房を一つにして全体を「房」と呼んでいるが、以前は「紐」あるいは「紐房」とも呼んでいた。厳密には、紐の先端部分が「房」になるが、本章では紐の部分と房の部分は区別していない。全体に同じ色が使われているからである。以前は「房」の代わりに「総」という文字も使われているが、本章ではできるだけ「房」に統一してある。
　本章では、紫と紫白はその実態が異なることがあるため、説明の便宜上、次のように区別している。

(1) 総紫：　　房糸がすべて紫である。
(2) 准紫：　　紫の中に白糸が数本混じっている紫である。白糸はほんのわずかである。
(3) 紫白：　　紫糸が白糸より多い紫である。その割合ははっきりしない。
(4) 半々紫白：紫糸と白糸がほぼ半々混じっている紫である。

　同じ「紫」であっても、実態は「総紫」ではなく、「准紫」か「紫白」のいずれかの場合もある。同様に、「紫白」でも「准紫」、「紫白」、「半々紫白」のいずれかの場合もある。もちろん、時代的背景を考慮すれば、多くの場

合、房色の実態は推測できる。

　明治時代までは「紫白」のことを「紫」とも呼び、どの呼び方も通用していた。では、紫糸に白糸はどの程度混ざり合っていたのだろうか。白糸は1、2本というのもあるし、数本というのもある[3]。この数だと、全体的に「総紫」に見えたはずだ。さらに、総紫と紫白を区別する必要がなかったので、「紫」と呼んでも誤解を招かなかった。紫はもともと名誉色である。本章でも、明治43年（1910）以前の「紫白」については「紫」を用いることもある。明治43年以降は、厳密に区別しない場合、特に「紫白」の用い方があいまいなことがある。具体的には、式守伊之助の「准紫」と准立行司の「半々紫白」を単に「紫白」と呼ぶこともある[4]。木村庄之助の「総紫」と式守伊之助の「准紫」を一括りにして「紫」と呼ぶこともある。

　なお、本章では、「房色」と色の名称を特別に区別していない。たとえば、「紫房」を「紫」、「紫白房」を「紫白」、「朱房」を「朱」というように、どちらも同じ意味で使っている。また、「朱」の場合は、「赤」、「紅」、「緋」で表すこともあるがどれも同じ房を表す。

2. 紫と紫白[5]

　行司の世界では「紫」は最高位のシンボルである。現在、木村庄之助が「総紫」、式守伊之助が「紫白」を許されていて、他の行司はそれ以外の房色

---

3) 白糸が混じっていることを述べている文献には、たとえば『読売新聞』（M30.2.10）、三木・山田編『相撲大観』（M35）、北川著『相撲と武士道』（M44）などがある。江戸時代の紫糸と白糸の割合について述べてある文献は見ていないが、おそらく明治時代と変わりないはずだ。
4) この「准立行司」は『時事新報』（M44.6.10）にも見られる。これを『中央新聞』（M44.7.1）では「立行司格」に呼んでいる。新聞では多くの場合、「准立行司」も「立行司」と呼んでいる。明治時代の新聞で式守伊之助の房色と「准立行司」の房色に差異があることを指摘したものはまだ見ていない。いずれも「紫白」となっている。

である。江戸時代は「朱」が最高位の房色であったが、紫も例外的に使用が許されていた。どのような行司がその紫を許されたのだろうか。木村庄之助は代々、その階級に就いて一定の期間を過ぎれば、名誉的な紫を許されていたのだろうか。そもそもその紫は「総紫」(つまり「純紫」)だったのだろうか。いつ頃「紫白房」が現れたのだろうか。吉田追風や吉方兵庫の紫は「総紫」だったのだろうか、それとも白糸が混じった「准紫」(つまり「紫白」)だったのだろうか。木村庄之助の「総紫」と式守伊之助の「紫白」を区別するようになったのはいつ頃だろうか。紫糸と白糸が半々の「半々紫白」はいつ頃現れたのだろうか。「半々紫白」は一定の階級につけば自動的に授与されたのだろうか。いつ頃その房は使用されなくなったのだろうか。このように、紫や紫白に関してはいろいろな疑問が浮かんでくる。

2.1　吉方兵庫の紫

　木村喜平次伝書「相撲家伝鈔」〔正徳4年（1714）〕によると、行司の吉方兵庫は紫房を使用している。

> 「紐は無官の行司は真紅なり。摂州大阪吉方兵庫などの如く官位成りの行司は紫を用いるなり。」〔酒井著『大相撲史（上）』(p.97)〕

　『日本相撲史（上）』(p.97)によれば、吉方兵庫は元禄・享保時代の頃、関西で名をなした行司である。吉方は官位行司だったので、紫房を許されたという[6]。この官位が具体的に何を意味するかはわからない。どのような基準で許されたかも不明である。

　房色の観点からすれば、元禄・享保時代に「紫」を許された行司がいて、

---

5) 軍配の房色については、草履とともに、拙著三冊（専修大学出版局発行）で詳しく扱っている。特に紫と紫白については『大相撲行司の伝統と変化』の第4章「明治43年以前の紫房は紫白だった」、草履については第3章「行司と草履」が詳しい。

相撲を裁いていたということである。吉方以外は「無官」だったので、朱色を使用していたという。元禄・享保時代に行司が「官位の行司」と「無官の行司」という2つのグループ分けがあり、官位行司には「紫」を許されることもあったらしい。享保（1716-36）から文政8年（1825）の間に書かれた相撲の写本では、紫房が特定の行司に授与されたという記述はない。他の行司にも紫が許されたという記述はどこにもみあたらない。なぜなのか、その理由は不明である。大阪相撲や江戸相撲が吉田司家の支配下に入り、そのためそれまでの慣習に変化が生じたかもしれない。

　いずれにしろ、元禄・享保時代（1688-1736）の頃、特定の行司が紫を使用していたことは確かである。

2.2　9代木村庄之助の紫

　『角觝詳説活金剛伝』〔文政11年（1828）〕の「木村庄之助」の項に次のような記述がある。

　　「吉田追風門人　無字団扇紫白打交之紐上履免許」

　この9代目木村庄之助は「紫白」を許されるまで、「朱」（免許状は文政8年の日付）であった。授与基準がはっきりしないが、文政11年に「朱」から「紫白」に変わっている。この色は名誉的なもので、代々の木村庄之助すべてに許されたわけではない。実際、8代木村庄之助までは「朱」であったし、木村庄之助の地位に上ってもしばらく「朱」のままだった。免許状に「紫白」とあるが、通常「紫」と呼んでいた[7]。

---

6)　「官位行司」とは、おそらく、幕府の認可を受けた「行司」のことだが、そのような行司とそうでない行司が混在していたのかどうかはわからない。官位行司とそうでない行司の職務がどのようのものであったかもわからない。また、どのような行司が官位行司として認定されたのかもわからない。

江戸時代には「紫」は禁色だったので、木村庄之助や式守伊之助でも「朱」しか許されなかったとよく言われているが、これは解釈の問題である。すなわち、「総紫」ならば禁色だったかもしれないが、白糸が混じったものならばそうでもなかったようだ。「総紫」でないことが肝心だったのかもしれない。なぜなら9代木村庄之助には「紫白」が許されているからである。この他にも、江戸末期には次の二人の行司に「紫白」が許されている。

　(1) 13代木村庄之助（嘉永6.11〜明治9.4）[8]（1853-1876）
　(2) 6代式守伊之助（嘉永6.11〜明治13.5）（1853-1880）

　明治43年（1910）5月からは「総紫」も許されるようになった。それまではやはり「紫白」であった[9]。明治43年までに紫白を許された行司を次に示す。

　(1) 14代木村庄之助（明治10.1〜明治18.1）（1877-1885）
　(2) 15代木村庄之助（明治18.3〜明治30.5）（1885-1897）
　(3) 16代木村庄之助（明治31.1〜明治45.1）（1898-1912）
　(4) 6代木村瀬平（明治32.1〜明治38.1）（1899-1905）
　(5) 8代式守伊之助（明治17.5〜明治31.1）（1884-1898）
　(6) 9代式守伊之助（明治31.5〜明治44.1）（1898-1911）

---

7) 通常の「紫白」と異なる「准紫」を最初に許された行司は、15代木村庄之助が最初である。それ以前の行司は紫といっても「紫白」だったことになる。また、14代木村庄之助までは「准紫」を許されていない。15代木村庄之助の後、明治43年5月までに「准紫」を許されたのは16代木村庄之助と6代木村瀬平である。地位としての最高色は「朱」なので、立行司になっても同時に「紫白」を許されない行司もいた。
8) 具体的な授与年月は必ずしも明らかでない。紫白房が許されていたことは相撲関連の資料などから判断できる。拙著『大相撲行司の伝統と変化』や『大相撲行司の軍配房と土俵』などに詳しく述べてある。
9) 実際は明治42年の国技館開館の頃にすでに房色は決まり、使用していたかもしれない。菊綴じや縛り紐のような装束の飾り物が房色と一致するのを公的に認めたのは、明治43年5月である。それ以前に、房色は決まっていたことになる。

もちろん、この紫白は階級と密接に結びついたものではない。なぜなら、紫白が許されたのは、立行司に昇格した場所と必ずしも同じではないからだ。たとえば、9代式守伊之助は明治31年5月に立行司になったが、紫白が許されたのは明治37年5月である。一方、16代木村庄之助は昇格とほとんど同時期に紫白房が許されている。

2.3 明治43年（1910）後の紫と紫白

明治43年5月に行司装束の改正が行われ、それにより房色は階級を表すようになった。すなわち、階級が決まれば、それに伴って房色も決まるのである[10]。ところが、次のような記述があり、何が真相なのかははっきりしない。

(1) 『時事新報』（M43.5.31）
「立行司は紫、次は朱、本足袋行司は紅白、格足袋行司は青白と定め、…」

(2) 『二六新報』（M43.5.31）
「立行司三名は菊綴じ胸紐を紫とし、以下紅、紅白、青白とその地位によって色を分かち、…」

これらの新聞記事を見ると、立行司3名は全部同じ「紫」となっていて、差異がない[11]。本当に差異はなかっただろうか。実は、あったのである。これは、次の記述で確認できる。

---

10) 行司の階級色は、もちろん、明治43年以前から暗黙裡に決まっていて、慣習化していた。階級色は平安時代から続いていた最高色の紫、それに続く緋、緑、縹を基本とするものである。さらに階級を二分するときには、たとえば白を混ぜて基本色を薄めている。相撲では緑と縹があいまいになり、緑とか青になっている。実際、相撲の文献では同じ色を表すのに「緑」や「青」が使われていることがある。この階級色については、たとえば風見著『相撲、国技となる』（H14、pp.127-32）が詳しい。

・『都新聞』(M43.4.29)
「現在庄之助・伊之助の格式を論じれば、団扇の下紐において差異あり、庄之助は紫、伊之助は紫白打交ぜにて、庄三郎と同様である。」

　庄之助の紫は「総紫」であり、伊之助と庄三郎の紫は「紫白」である。この紫白は、おそらく文政時代の9代木村庄之助に授与された「紫白」とほとんど同じものか、白糸を少し多く混ぜたものに違いない。本章ではこれを「准紫」と呼んでいる。伊之助の紫白と庄三郎の紫白に差異はなかったのかはっきりしないが、「なかった」と推測している。
　明治44年には木村進が「紫白」を授与されている。この紫白は、木村庄之助と式守伊之助の房色と区別されている。次の記述では、木村庄之助と式守伊之助は同じ「紫」となっている。

・『時事新報』(M44.6.10)
「土俵上で草履を穿くことを許されるのは三役格以上で、現在の行司では緋房の誠道と紫白の進と紫房の庄之助、伊之助の二人である。」

　庄之助と伊之助は2人とも「紫」となっているが、先に見てきたように、その紫にも差異があった。庄之助は「総紫」であり、伊之助は「准紫」（または「紫白」）である。この差異を区別しないときは、両方をまとめて「紫」と表すことが多い。これは、明治43年以前、紫白を「准紫」（あるいは「総紫」）と区別することなく、「紫」と呼んでいたのと同じである。
　庄之助と伊之助は立行司である。進も立行司だが、2人と区別するときは特別に「准立行司」と呼ぶ。准立行司の房色は紫糸と白糸が半分ほど混ざり合っていたか、紫糸と白糸の混ざり具合がはっきりわかるほどの「紫白」

---

11) 明治43年以前は「准紫」（あるいは「総紫」）と「紫白」の区別がなかったので、立行司三名は全部「紫」として記述されている。この新聞記事だけを文字どおり読んでしまうと、立行司全員は同じ「紫」を使用していたことになる。

だったに違いない。これを本章では「半々紫白」と呼んでいる。
　要するに、同じ立行司3名がいても、そこには差異があり、それは房色にも反映されていた。すなわち、木村庄之助は総紫、式守伊之助は准紫（または「紫白」）、進は半々紫白である。3名の呼び方もいくつか認められる。

(1) 3名とも立行司となり、「紫」と呼ぶこともある。
(2) 木村庄之助と式守伊之助を「紫」、進を紫白と呼ぶこともある。
(3) 木村庄之助を（総）紫、式守伊之助を准紫、進を紫白と呼ぶこともある。
(4) 木村庄之助を（総）紫、式守伊之助と進を紫白と呼ぶこともある。

どの呼び方をするかはその都度変化すると言ってよい。文脈の中で判断すれば、誤解を招くこともあまりないが、その見極めは意外と難しい。

2.4　大正時代の式守伊之助の紫

　大正時代の新聞記事に次のような記述がある。

(1) 11代式守伊之助（木村進）の紫
　　「式守伊之助（進）は初日まで紫房に白が交りおりしも二日目より真の紫房に昇進し、立派な立行司となれり」〔『東京日日新聞』（T2.1.12）〕

　もし式守伊之助が「准紫」から「総紫」に変わることがあったとすれば、房色と階級が一致するというこれまで述べてきたことは必ずしも正しくないことになる。そして、この新聞記事が正しければ、やはりこれまで述べてきたことは間違っていることになる。どれが正しいのだろうか。それについて一つの仮説を提示する。
　木村進は明治44年夏場所に紫白を許され、准立行司になっている。木村庄之助と式守伊之助が上位にいた。そして、明治45年夏場所には伊之助に

昇格した。本来なら、この時点で房色を「准立行司」の「半々紫白」から式守伊之助の「准紫」（あるいは「紫白房」）に変更すべきだったが、吉田司家からの式守昇格の免許状が届いていなかったのかもしれない。その免許状が大正2年春場所（明治45年（1912）7月30日に大正元年になっている）には間に合い、房色の変更となったのである。要するに、新聞記事は単なる手続きの遅れから生じた勘違いである。

　准立行司であった頃の「半々紫白」は、白糸が目立つほどの「紫白」だったに違いない。木村進は式守伊之助の地位に上がり、「半々紫白」から「准紫」（または「紫白」）に変わった。この「准紫」は、白糸が目につかないほど「真の紫房」に見えたのであろう。記事の中の「立派な立行司」という表現は、木村庄之助と同じ「立行司」になったという意味を含んでいる。木村庄之助と式守伊之助は「真の立行司」であり、東京相撲では2人しかいない。しかし、2人の立行司の房にはやはりこれまで同様に差異があった。つまり、木村庄之助は「総紫」、式守伊之助は白糸がほんの少し混じった「准紫」（あるいは「紫白」）である。これまでの伝統的な階級色は保持されていたのだが、式守伊之助の「准紫房」も一見すると木村庄之助と同じ「総紫」に見えたに違いない。

　それでは、12代式守伊之助の場合はどうだろうか。『夏場所相撲号』（T10.5）では、次のような記事になっている。

(2) 12代式守伊之助（誠道）の紫
　　「日本に紫房の行司は三名となります」（p.105）

　木村誠道は大正2年春場所に准立行司の「半々紫白」になり、大正4年春場所に12代式守伊之助になり、「准紫」（あるいは「紫白」）になっている。「日本に紫房が三名いる」という雑誌記述の中の「紫房」は、木村庄之助の「総紫」と式守伊之助の「准紫」（あるいは「紫白」）を1つにまとめて表現したものである。もう一人の木村玉之助（大阪相撲の立行司）はおそらく「総紫」であろう。

第2章 軍配の房色

　明治43年5月の行司装束改正時までは「紫白」と「紫」はほとんど区別せず、「紫」と呼ぶこともあったし、「紫白」と呼ぶこともあった。その慣例が12代式守伊之助の時代にも生きていたのである。厳密に言えば、木村庄之助の「総紫」と式守伊之助の「准紫」はともに異なる房色であるが、その区別をしない場合はともに「紫」として1つに括られた表現になる。雑誌記事の「紫」は立行司としての階級色を表したものである。

　12代式守伊之助は大正4年春場所から式守伊之助に昇格しているので、この場所からすでに「准紫」になっていたはずである。この「准紫」は大正10年末（1921）に式守伊之助を辞めるまで、変わることなくずっと続いていたに違いない。拙著『大相撲行司の軍配房と土俵』の第8章「大正時代の番付と房の色」で12代式守伊之助を大正10年夏場所に「紫」に変わったと表記した。これは、実際は式守伊之助の「准紫」（あるいは「紫白」）を間違って木村庄之助の「総紫」と同じだと解釈したからである。しかし、実は最初、准立行司の「半々紫白」だったのが、12代式守伊之助に昇格し、その時点で「准紫」（あるいは「紫白」）に変わっていたのである。12代式守伊之助は大正10年夏場所も「准紫」（すなわち「紫白」）だった[12]。

2.5　半々紫白の行司

　大正14年（1925）夏場所まで准立行司として朝之助や勘太夫がいたので、この准立行司は伊之助の「准紫」とは異なる「半々紫白」を使用していたはずだ。大正15年春場所と夏場所には准立行司はいない。したがって「半々紫白」の行司もいない[13]。半々紫白の行司が現れるのは、昭和2年（1927）春場所の木村玉之助（大阪相撲から来た）である。伊之助と玉之助は同格で、

---

[12]　拙著『大相撲行司の軍配房と土俵』の第8章『大正時代の番付と房の色』では11代式守伊之助（進）と12代式守伊之助の房色があいまいになっている。准立行司のときは「半々紫白」、式守伊之助のときは「准紫」（あるいは「紫白」）ということを、執筆当時に見過ごしていた。そのため「紫白」の表記があいまいになっているだけでなく、間違った分類になっている。

ともに「紫白房」だとよく言われているが、実際はその房に差異がある。藤島著『力士時代の思い出』(S16) には次のように記述されている。

「(前略)『紫白房』は紫と白の打交ぜの紐で、やはり立行司であり、力士の大関である。伊之助がこれを用いる。現在玉之助は準立行司でやはり、『紫白房』だが、紫色と白色が半々である。これも大関格である。」(p.87)

木村玉之助を受け継いだ行司はすべてこの「半々紫白」である[14]。昭和26年 (1951) 1月場所に副立行司が新たに導入されたが、この副立行司は木村玉之助となり、「半々紫白」を用いた[15]。副立行司は昭和35年1月場所から廃止され[16]、現在は副立行司という階級はない。また、半々紫白の房を持つ階級もない。つまり、伊之助の下は「朱」房である。

2.6 吉田司家の紫

寛政3年 (1791) の上覧相撲の際、吉田司家は「先祖書」を提出しているが、その中で文治2年 (1186) 6月、吉田司家は後鳥羽天皇から獅子王の団扇や木剣などとともに「紫房」も勅賜されている[17]。これが事実を述べて

---

13) 15代式守伊之助（のちの20代木村庄之助、松翁）は伊之助に昇格したとき、「半々紫白」房を使用しているが、これは慣習に従っていない〔『大相撲夏場所』(S15.5、p.56)〕。本来なら、白糸が少し混じった「紫白房」を用いるべきである。縁起を担ぐために「半々紫白房」をわざわざ注文して作成したらしいが、慣習に違反している。伊之助は「准立行司」ではないからである。当時は「准立行司」制度が崩れていたので、白糸が適当に混じっていれば受け入れられていたのかもしれない。
14) 木村玉之助は昭和34年11月まで続いた。
15) 副立行司は昭和35年1月から廃止されている。
16) 副立行司を廃止すると同時に、横綱土俵入りを引くのに支障が出ないように、三役格に草履を許した。それまでは、三役格と言えども必ずしも草履を履いていなかった。すなわち、足袋だけの三役格もいた。足袋だけでは横綱土俵入りは引けない。それが慣習である。

いるのであれば、文治年間にはすでに「紫」が使われていることになる[18]。この「紫」紐のついた獅子王の団扇を持って、吉田追風は寛政3年の上覧相撲で、小野川と谷風の取組を裁いている[19]。寛政5年の式守蝸牛著『相撲穏雲解』には、次のような記述がある。

　「谷風、小野川取組の節、古例によって、往古、追風、金利より賜りたる紫の打紐つけたる獅子王の団扇を持ち、風折り烏帽子、狩衣、四幅の袴着用の上、草履御免にて相勤め候。」

　吉田追風の「紫」は「総紫」だったのだろうか、それとも「准紫」だったのだろうか。「紫」とあるのだから、「総紫」と解釈するのが順当である。しかし、「准紫」だったかもしれないという疑念がないわけではない。というのは、吉田著『原点に還れ』（H23）に次のような記述があるからである。

　「江戸時代は吉田追風家門弟である木村庄之助には、軍配の総（房）の色は緋

---

17) 先祖書には「紫」紐についてははっきり述べてないが、寛政3年の上覧相撲で「紫」紐のついた師子王の団扇を持って裁いていることから、文治年間（1185-90）にその「紫」紐を授与されたかもしれない。寛政3年の『上覧行事の式』には「往古追風禁裡より賜りたる、紫の打紐つけたる師子王の団扇を持ち（後略）」とある。
18) 吉田司家が紫を授与されたのは由緒ある「行司の家柄」だからで、一般の行司として優れていたからではないはずだ。紫を授与されていても、行司の中から特別に選んだというわけでもない。したがって、紫房がいつから始まったかを調べるときは、吉田家は除外したほうがよいかもしれない。しかし、司家として行司はもちろん、相撲全般を司っていたし、ときどき格式を要求される儀式相撲などでは吉田追風が実際に登場し行司の役割も果たしている。また、紫房を授与するには、吉田追風の「紫分」が発端になっている。そういうことで、ここでも特別に取り上げることにした。
19) 上覧相撲では、吉田追風だけが「紫」房を使用している。寛政3年当時、木村庄之助は「朱」色の紐を使っている。それ以外の行司が何色の房を使っていたかははっきりしない。上覧相撲の様子を描いた文書には、追風の「紫」が述べてあるだけで、他の行司の房色については何も述べていない。

房『深紅色』を授与していた。当時、紫房は禁色で、吉田追風家の団扇にだけ認められていた。その後、明治31年、15代木村庄之助に対し23世追風善門が初めて紫分の団扇として紫房を授与し、それ以降今日に至っている。」
（p.135）

　これまで見てきたように、文政11年（1828）以降、明治43年（1909）までの「紫」は「紫白」であった。15代木村庄之助に初めて授与された「紫」が吉田追風の「紫分」であれば、実態は紫糸と白糸が混じったものであり、「総紫」ではない。今日の木村庄之助は「総紫」なので、どこかの時点で「准紫」から「総紫」に変更がなかったならば、一貫性に欠けてしまい、問題が生じる。15代木村庄之助の「紫房」が初めから「総紫」であったならば問題ないが、実際はそうではない。明治43年に木村庄之助はそれまでなかった「総紫」を許されるようになったのであり、15代木村庄之助の「紫」をそのまま受け継いだわけではない。また、15代木村庄之助の「紫白」が吉田司家の「紫」をそのまま受け継いでいるなら、吉田司家の「紫」は「総紫」ではなく、「紫白」であったことになる。吉田司家は「総紫」を許されていたが、木村庄之助には白糸を交えて「紫白」にし、それを授与したのではないか。そういう解釈も可能である。
　このこと以外に、この記述には少なくとも次のような問題点があることを指摘しておきたい。

(1) 江戸時代でも紫は名誉色として授与されている。たとえば、9代木村庄之助には文政11年、紫白が授与され、江戸時代の13代木村庄之助にも紫白は授与されている。明治時代でも15代木村庄之助や9代式守伊之助に紫白が授与されている。
(2) 15代木村庄之助は明治30年に亡くなっている。これを考慮すれば、15代木村庄之助ではなく、16代木村庄之助とするのが正しい。しかし、これは単なる記憶違いかもしれない。15代木村庄之助であれば、明治30年に「紫」を許されたとする文献がいくつかある[20]。

(3) 吉田家の紫房は「総紫」だったのか、白糸が少し混じった「准紫」だったのかは不明である。というのは、16代木村庄之助の免許状には「紫白」とあるからである。もし16代木村庄之助の「紫」と吉田家の紫が同じだったなら、吉田家の紫も「准紫」だったという解釈もできる。したがって、寛政3年の上覧相撲で使用した軍配の「紫」も「紫白」だったことになる。

(4) 明治31年以降、「紫」はずっと変わっていないと述べてあるが、木村庄之助は「紫白」（具体的には「准紫」）から「総紫」に変わっている。明治43年5月を境にし、総紫と紫白に二分されている。

吉田著『原点に還れ』（H23）の著者は23世吉田追風である。紫房について、なぜ事実と一致しない記述をしたのかが不思議である[21]。

3. 朱房

木村喜平次伝書『相撲家伝鈔』〔正徳4年（1714）〕にあるように、元禄・享保の頃までは、一般の行司はすべて、「朱」を用いていた可能性が高い[22]。

---

[20] 荒木著『相撲道と吉田司家』（S34）には「15代木村庄之助に団扇の紐紫白打交を許す、これ団扇の紐紫白を打交のはじめなり」（p.200）とある。この記述は事実に反する。江戸時代の9代木村庄之助や13代木村庄之助にも紫白免許が授与されているからである。吉田司家の資料を駆使しながら著述した本の中で、このようなミスがあるのが不思議である。同様に、吉田著『原点に還れ』（H23）でも15代木村庄之助の死亡年月と准紫の授与年月にミスがあるだけでなく、その准紫がそのまま16代木村庄之助にも受け継がれているというミスがある。16代木村庄之助の「紫」は白糸交じりの「准紫」であり、決して「総紫」ではなかった。明治43年以前の「紫」の紫糸と白糸の割合をめぐっては、残念なことに、吉田司家の資料でも問題がないわけではない。

[21] 「准紫」を「純紫」（あるいは「総紫」）として捉えているかもしれない。しかし、白糸が交じっているか否かは大きな問題である。

「紐は無官の行司は真紅なり。摂州大阪吉方兵庫などの如く官位成りの行司は紫を用いるなり。」〔酒井著『大相撲史（上）』（p.97）〕

カラーの絵図などでも行司の軍配はほとんど、「朱」である。たとえば、次の図では朱である。

(1) 「相撲図屏風」〔学研発行『大相撲』（p.42）〕
寛文年間（1661-73）に描かれたものと推定されている。行司は足袋を履いている。軍配の紐は朱色である。当時、軍配の紐が朱色と決まっていたのかどうかはわからない。しかし、朱色を使用していることから、意識的にその色を使っていたことは間違いなさそうである。当時、行司間に地位の差があってその差が房色に反映していたのかどうかもわからない。したがって、図に描かれない他の行司も同じ朱色だったのかとなると、肯定も否定もできない。

(2) 「相撲之図」〔堺市博物館制作『相撲の歴史』（p.22）〕
17世紀後半に描かれたと言われている。団扇の紐は朱色である。足袋を履いているのは確認できるが、草履を履いているかどうかははっきりしない。

(3) 「四十八手絵巻」〔堺市博物館制作『相撲の歴史』（p.24）〕
元禄の頃に描かれたと推測されている。行司は草履を履き、団扇の紐は朱色である。行司の階級はわからない。

房色の「朱」が地位を表すようになったことを明確に確認できるのは、文

---

22) 軍配の房色がいつ頃から「朱」となったかは不明である。カラーの図で房色を確認すると、朱が多いというのが真相である。軍配に房があり、それに色があるという慣習がいつ頃から始まったかはわからない。

政10年11月付の『相撲行司家伝』である。その中に、吉田司家から5代木村庄之助に授与された免状がある[23]。

「無事之唐団扇並紅緒、方屋之内、上草履之事免之候、可有受用候、仍免状如件。寛延二年巳八月。」

この免状は寛延2年（1749）の日付になっていることから、当時すでに朱は地位と結びつき、特別な色になっていたと解釈して間違いない。天明や寛政の頃（1781-1801）には錦絵も多く現れるようになっているが、木村庄之助の房色はやはり全部「朱」である。これは、基本的に、明治43年（1910）まで続いている。たとえば、9代式守伊之助は明治37年まで「朱」の軍配房だった。紫は名誉的なものであり、地位としての房色は朱だった。

それでは、寛延以降寛政の頃まで、木村庄之助以外の行司はどの房色を使っていたのだろうか。「朱」は留め色で、それ以外はどんな色でもよかったのだろうか、あるいは特定の色がいくつか定まっていたのだろうか、不明である。錦絵はカラーなので軍配の色を確認できる絶好の資料だが、木村庄之助以外の行司はほとんど描かれていない。寛政3年の上覧相撲の様子を描いた写本は何冊か読むことができるが、その中でも吉田追風の紫が出てくるだけで、木村庄之助を含め他の行司の房色については何も触れられていない。このように、寛延2年から寛政の頃までは、木村庄之助の「朱」以外、他の行司の房色は不明である。

文化6年（1809）に式守鬼一郎が吉田司家から朱房の使用を許可されているが、鬼一郎はそれ以前にどんな房色を用いていたのだろうか。それに興味を抱き、相撲関連の文献や資料を調べてみたが、今のところ何もわからな

---

[23] この寛延5年の免状の文面は後から作られたものに違いない。木村庄之助が草履を履くようになったのは、天明7年である。寛延7年の頃は、どんな履物だったか不明である。素足だった可能性も否定できない。これに関しては、拙著でも何回か言及してある。

い。これは非常に不思議である。行司の地位にどんな階級があったかは明確でないとしても、階級に差があったことは確かである。その差は房の色にも反映されていたはずだ。にもかかわらず、地位と結びついた房色がまったくわからないのである。私がたまたま資料に遭遇していないだけかもしれないし、そう思いたい。当時の木村庄之助以外の房色はいつかきっと解明できるはずだ。

天保の頃になると、木村庄之助以外でも朱を上位の行司が使用している。どの階級から使用するかは時代とともに少しずつ変化しているが、一定の上位行司が使用していたことは相撲関連の資料で容易に確認できる[24]。現在では、朱を使用できるのは三役行司である。

4. 紅白房

紅白房を文献で確認できるのは、今のところ、慶応元年（1865）11月である。『時事新報』（M38.2.6）の「故木村瀬平の経歴」という記事の中で、木村瀬平が吉田司家から授与された免許状の一つに紅白房も見られる。

> 「紅白紐、慶応元年11月。紅紐・足袋、明治15年7月。上草履、同18年7月。この間、木村瀬平を相続する。上草履、同29年6月。但しこの間、一度年寄専務となって再勤したため、再度上草履を免状された。（後略）」

木村庄五郎（のちの立行司6代木村瀬平）が幕内格に昇格して「紅白房」を許されている[25]。江戸末期には相撲の写本や錦絵なども比較的多く出回っ

---

24) 明治以降の「朱」と階級については、拙著『大相撲行司の軍配房と土俵』の第5章「草履の朱房行司と無草履の朱房行司」でも詳しく扱っている。江戸時代の朱色と階級の関係についてはわからないことが多すぎるので、拙著ではほとんど触れていない。触れているのは、多くの場合、履物や足袋についてである。

第2章　軍配の房色

ているが、紅白房の使用を確認できるものはまだ見ていない。木村瀬平の紅白房も明治時代の資料で間接的に確認したにすぎない。紅白房が慶応時代にあったことは間違いないであろう。荒木著『相撲道と吉田司家』（S34）の中の「御請書」（pp.124-8）は明治15年（1882）に出されたものだが、時代的背景を考慮すれば、明治に近い慶応時代には紅白房があったに違いない。吉田追風は明治10年から15年まで西南戦争に参加し、相撲に直接かかわることはできなかったはずだ。ということは、明治10年までには「御請書」の房色がすでに存在していたということになる。問題は、慶応末期から明治初期にかけて紅白房が現れた可能性もあるが、それは時期的に見てありえそうにもない[26]。また、朱房が天保時代（1830-44）までに使われだしたことが正しければ、それより下位の紅白房も使われていた可能性はかなり高い。

　幕末に描かれた錦絵では紅白房をまだ確認できていないが、明治期にはそれらしい錦絵がある。学研発行『大相撲』（p.142）の中でその錦絵（M9.4）が掲載されている。境川と梅ケ谷の取組を式守鬼一郎が裁いているが、その房は「朱」一色ではなく、白が交ったものになっている。他の錦絵を見ると、朱房の場合、先端部分が朱で描かれており、朱と白の混ざり合いは意図的に描いていると判断してよい。紅白房はきっと江戸時代に現れているので、それを確認できる錦絵は今後見つかる可能性がある。明治9年（1876）の錦絵の紅白房は参考例として指摘しているにすぎない。

　紅白房は江戸時代から朱房より一つだけ低い行司が使用していたはずだ。

---

25) 拙著『大相撲行司の軍配房と土俵』の第5章「草履の朱房行司と無草履の朱房行司」の中で、木村瀬平は弘化3年に足袋行司になったかもしれないと記してある（p.151）が、これは誤りである。正しくは、安政7年2月である。そのとき、木村庄五から木村庄五郎に改名している。この木村瀬平は天保8年8月に生まれ、嘉永3年11月に木村留吉として番付に掲載されている。

26) 明治15年頃には紅白以上の房色は吉田司家の許可を受けることになっていた。青白房より下位行司の房色は吉田司家の許可を受ける必要がなかった。しかし、足袋の使用は許可を受ける必要があるので、実質的には幕下十枚目（すなわち十両）行司も房色の許可を受けていたかもしれない。

朱房が使われだした頃には、同時に紅白房も使われだしたと推測しているが、その見方が正しいかどうかは、今のところ、わからない。推測の根拠が間違っている可能性もあるし、朱色が使われだして、しばらくしてから追加的に使われだした可能性もある。そういう疑問を解消するには、紅白房が現れた頃の資料を見つけることである。前にも述べたように、江戸末期には相撲の写本や錦絵など資料が豊富にあるので、きっと見つかるはずだ。

現在、紅白房は幕内行司が使用している。明治の頃は幕内でも草履を履く行司とそうでない行司がいたが、現在では、幕内格は草履を履かない。足袋だけである。

5. 青白房

紅白房が使われだしたときに、青白房も使われだしたと推測しているが、それを裏づける資料はまだ見つかっていない。幕下十枚目力士（現在の十両力士）に対等する行司が使用したはずなので、その階級がいつ頃始まったかがわかれば、青白房の始まりも簡単に解決できそうである。しかし、残念なことに、幕下十枚目力士がいつ頃始まったかを私は知らない。江戸時代の相撲に詳しい相撲好きに「幕下十枚目力士はいつ頃現れたのか」と尋ねたが、はっきりした答えは得られなかった。それで、行司のことを扱っている写本や錦絵などに依存せざるをえなくなった。ところが、これも残念なことだが、青白房の存在を裏づける資料にはいまだに遭遇していない[27]。

明治時代に書かれた新聞や書物の中には、江戸末期にも青白房があったことを裏づける記述がある。たとえば、木村瀬平は明治38年（1905）2月に亡くなったが、『大阪毎日新聞』（M38.2.6）の死亡記事に次のような趣旨の記

---

27) 本章の執筆を終えるまで、青白房の存在を裏づける江戸時代の直接資料は得られなかった。しかし、いつか必ずそういう資料は見つかるはずだ。一個人の調査する資料には限界があり、見落としている可能性がある。

第2章　軍配の房色

述がある[28]。

　木村瀬平は安政2年2月、庄五から庄五郎に改名し、幕下十枚目になった。

　この記事には幕下十枚目行司の房色を確認できないが、「幕下十枚目」という表現から「青白房」の存在を推測できる。なぜなら、行司の階級に対応する房色は当時から慣習となっていたし、その後も「青白房」がずっと使われているからである。あるとき、階級に関係ない「青白房」が突然使われだしたということはない。また力士の幕下十枚目（現在の十両力士）は江戸のある時期から現在まで変わることなく存続している。明治初期（具体的には3年ないし4年）にも青白房を確認できる。これらのことを考慮すれば、安政7年（1860）2月にはすでに青白房があったと判断できる。
　木村瀬平に少し遅れて木村龍五郎（のちの16代木村庄之助）がいるが、この龍五郎も青白房を使用している。少し詳しく見てみよう。木村龍五郎は明治4年（1871）11月に幕下十枚目になり、青白房を使うようになっている。木村龍五郎は明治31年（1898）1月に立行司16代木村庄之助になったが、明治45年（1912）1月6日に亡くなった。その翌日（1月7日）の新聞に次のような記事が見られる。

　(1)「幕下格となって龍五郎と改名し…」〔『時事新報』（M45.1.7）〕

---

28)　『やまと新聞』（M38.2.6）の「木村瀬平死す」という記事の中では、「（木村瀬平は）天保11年に木村留吉と弘化3年に喜代吉と改名して足袋を許され（後略）」とある。これは事実を正しく反映していないはずだ。また、『やまと新聞』（M38.2.6）によると、瀬平は15歳で足袋を許されたとなっている。このように、瀬平の足袋格になった年月には異なる記述がいくつかある。どれが正しいかは必ずしも明確ではない。しかし、本章では、『大阪毎日新聞』（M38.2.6）の記事にあるように、瀬平は安政7年に幕下格（現在の十両格に相当する）、つまり足袋格になったとしている。庄五から庄五郎に改名したときである。もし瀬平が安政以前に幕下格になっていたなら、そのときにはすでに「青白房」を使用していたことになる。

(2)「(前略)幕下格すなわち青白房にて足袋を許されたるが….」〔『東京日日新聞』(M45.1.7)〕[29]

なお、『相撲新書』(M32)では、次のような記述になっている。

「文久3年の冬、行司資格を許され木村新助と名乗り始めて回向院本場所の土俵に上り、明治3年幕下に進みて木村龍五郎と改名した」(p.88)

　明治3年にはすでに改名して「龍五郎」となり、幕下十枚目になっていたが、番付に龍五郎と掲載されたのは明治4年11月場所になってからである。これは番付掲載を重要視するか、本人への昇格通知を重要視するかの選択である。本章では、どちらかと言えば、番付掲載を基本にしている。青白房の観点では、木村龍五郎は明治4年、青白房を許されている。このことは明治4年以前から青白房があったことを示している。

　木村龍五郎は明治6年11月、高砂組と行動をともにしているが、そのときはすでに幕下十枚目格であった[30]。木村誠道(龍五郎より改名)は明治11年に東京相撲の幕内行司として復帰している。その場所の番付に間に合わなかったため、復帰組は「別番付」に記載されている。

　現在、青白房は十両行司(十枚目行司)が使用している。十両行司は足袋を履ける。明治以降、青白房は幕下十枚目行司(現在の十両行司)であり、他の房色と違い、その表す階級に変動はない。すなわち、現在の十両行司は幕内行司と幕下行司の間に位置する。

---

29) この『東京日日新聞』の「青白房」は明治4年頃に合わせて書いたという疑念が生じるかもしれないが、木村瀬平の青白房を認めるのであれば、そういう疑念は生じないことになる。木村瀬平の青白房にしても当時の資料で直接的に確認できていないので、完全に疑念を払拭できるわけではない。やはり青白房の存在を間違いなく確認するには、当時の資料でその証拠を見つけるのが望ましい。

30) 木村龍五郎は高砂組では吉田誠道と名乗っていたこともある。

第2章　軍配の房色

6. 青房と黒房

　青房について文献で確認できたのは、明治43年（1910）5月の新聞である。当時、行司装束の改正があり、それについて新聞が紹介している。その紹介記事の中に青房が出ている[31]。たとえば、『都新聞』（M43.5.31）は「改正された行司の服装」の項で次のように述べている。

　　「行司の足袋以下は黒、青の二種類である。」

　足袋以下の行司というのは、現在の幕下以下の行司に相当する。幕下以下の行司は黒房と青房を用いるが、その用い方があいまいである。幕下以下には階級がいくつかあったが、どの階級でも自由にいずれかを選択できたのか、それとも階級によっていずれかに決まっていたのか、はっきりしない[32]。いずれにしても、青房の導入は明治43年5月以降である。
　明治43年5月以前に青房がなかったかどうかを調べてみたが、それを確認できる資料は見当たらなかった。しかし、見当たらないことは存在しないことを意味するのではない。たまたま見落としているかもしれないのである。真相はどうなのか、今後の研究を俟つことにしたい。

---

31) 黒房と青房の両方を述べている新聞はほんのわずかである。多くの場合、黒房だけとなっている。記事の数の多少はまったく問題にならない。青色について述べてあることは、その色も用いられたことを示す証拠となる。
32) これに関しては拙著『大相撲行司の伝統と変化』の第5章「幕下以下行司の階級色」に詳しく扱っている。階級に関係なくいずれかの色を選択したのか、それとも階級によっていずれかの色が決まっていたのか、現在でもまだわからない。行司の書いた文献でも2つの見方が提示されているため、いずれが真実なのかわからないのである。しかし、行司が書いた文献では、どちらかと言えば、黒か青のいずれかを自由に選択できるとしている。

房の色では黒房が最も階級が低い。この色はずっと昔から使用されていたはずだが、具体的にいつ頃かとなると、途端にわからなくなる。房色が階級を反映するようになったときには、黒房は間違いなく導入されていたはずだ。そのため、黒房がいつ頃から使われだしたか、また黒房の存在を初めて確認できる資料にはどんなものがあるか、本章では触れないことにしてある。吉田司家も黒房に関しては関心がなかったようで、使用許可の免状を出していない。それは荒木著『相撲道と吉田司家』〔S34（1959）〕の「御請書」でも確認できる。

　現在、黒房は幕下以下行司が使っている。青房と黒房のいずれかを自由に選択してよいことになっているが、現在、黒房を使用している行司はめったにいない。ほとんど全員と言っていいほど、青房を使用している。しかし、明治時代の本を見る限り、当時は黒色を使用しているのが圧倒的だったようだ。いつの時点から青色が多くなったかは定かでない。明治43年に青色が導入されてから、青色を使用する行司が増えるようになったはずだ。その増え方が徐々に多くなっていったのか、多くなったり少なくなったり変動したのかはわからない。それを実際に調べるとなると、壁にぶつかることは避けられない。青房と黒房の割合を調べるための資料がないからである。

7. 今後の課題

　本章では3つの目的を掲げ、それについて検討してきた。結論は提案したものの今後解決すべき課題が残っている。

(1) それぞれの房色はいつ頃から始まったのか。まずいつ頃その房色と階級の結びつきが始まったのかを調べることである。それがわかれば、いつ頃その房色が始まったかは解決できる。本章では、そういう話題があることを提示し、真相究明の入り口に入りかけたにすぎない。本章をきっかけにして研究が深くなることを期待したい。研究を重ねて

第2章　軍配の房色

いけば、もっと貴重な資料がきっと見つかる。そうすれば、房色の始まりがわかるだけでなく、それに関連する他の事柄ももっとわかってくるに違いない。

(2) 明治40年代の「紫」について、本章では3種類あったはずだという新しい提案をしている。それが妥当な提案かどうかは今後も検討しなければならない。立行司木村庄之助の「総紫」、立行司式守伊之助の「紫白」、准立行司の「半々紫白」という見方が正しいのだろうか。それとも、立行司は2人とも「総紫」、准立行司は「紫白」だったのだろうか。この2つの見方はいずれも間違いで、もっと別の見方があるかもしれない。こういう疑問を持って、明治40年代の「紫」を検討しなければならない。同時に、明治40年代以前の「紫」がどうなっていたかも検討してみる必要がある。すなわち、単に「紫白」だけしかなかったのか。それともその「紫白」に加えて、他に「総紫」や「半々紫白」があったのではないか。真相はどうなっているか、解決すべき課題として残っている。

(3) 大正時代の11代式守伊之助（進）は白糸交じりの「紫白」から「真の紫房」になったという新聞記事があった。また、12代式守伊之助（誠道）は日本で「紫房」を持つ3人のうちの1人であるという雑誌記事があった。これをどう理解すればよいかということに関し、本章ではその「紫白」と「総紫」の捉え方に問題があったのではないかと疑問を呈している。そして、実際は「半々紫白」だったのが「准紫」に変わったのだという解釈を提示した。新聞記事の中の「真の紫房」は木村庄之助の「総紫」と同じだと解釈するのが自然だが、そのように理解をすると、本章の説明は妥当ではないことになる。

　実際に、「紫白」から「総紫」になったのであれば、木村庄之助が「総紫」、式守伊之助が「紫白」だとするこれまでの伝統的な見方は間違っていたことになる。しかし、本章のように、もともと「半々紫

白」だったものが「准紫」(あるいは「紫白」)になったのだという解釈をすると、伝統的な見方を変える必要は何もない。いずれが真実なのか、今後検討する必要がある。

(4) 本章では明治43年以前、木村庄之助や式守伊之助は「総紫」ではなく、「紫白」だったという立場をとっている。したがって、16代木村庄之助、木村瀬平、9代式守伊之助はともに同じ「紫白」だったとしている。しかし、これが正しい解釈なのか検討する必要がある。というのは、『読売新聞』(M31.6.1)に次のような記事があるからである。

「大場所中木村庄之助に紫房、瀬平・伊之助両人は紫白打交房免許(中略)を協会へ請願したる」

これによると、当時、「紫」と「紫白」の区別があったことになる。そうでなければ、上位の行司3名がそのような請願をしないはずだ。これはどのように解釈すればよいだろうか。解釈の仕方によっては、本章で述べてきた内容をかなり修正しなければならない。明治43年以前にも「総紫」、「准紫」、「紫白」の区別があったかどうかは、まだ決着のついていない問題である。この新聞記事については、拙著『大相撲行司の伝統と変化』の第9章「明治30年以降の番付と房の色」(p.304)にも言及してある[33]。

明治43年以前には、たとえば16代木村庄之助と木村瀬平は同じ立行司で、同じ房色(「紫」または「紫白」)であったという記事が圧倒的である。9代式守伊之助と木村庄三郎(のちの10代式守伊之助、17代木村庄之助)が房色

---

33) 拙著『大相撲行司の伝統と変化』(H22)の第9章「明治30年以降の番付と房の色」で木村庄之助と木村瀬平の房色を「紫白」としているが、これは、厳密には、「准紫」または「紫」である。そこでは、免許状に明記してある「紫白」に基づいている。実際に使用していた軍配の房色は「准紫」だった。しかも木村庄之助は明治32年春場所から、木村瀬平は明治34年4月(本場所では5月)からその「准紫」を使用していた可能性が高い。

第2章　軍配の房色

に差異があったという記述も見たことがない。ちなみに、9代式守伊之助は明治37年夏場所に「紫白」を許された。また木村庄三郎は明治38年夏場所に立行司になった。明治38年夏場所には立行司が3名いたことになる。すなわち、16代木村庄之助、9代式守伊之助、木村庄三郎である。同じ立行司であるが、軍配の房色には違いがあった。つまり、16代木村庄之助は「准紫」、9代式守伊之助と6代木村庄三郎は「真紫白」だった。

第3章　明治の立行司の紫房

1. 本章の目的

　明治時代の立行司には名誉色として「紫」の房が許されることがある。その紫はどの立行司でも同じだったのだろうか、それとも立行司によって異なっていたのだろうか。本章では、その紫に関することをいろいろ調べていくが、目的は次の6点である。

(1) 明治30年（1897）頃までの立行司の房色は「紫」だと記述されていることが多い。たとえば、13代木村庄之助、15代木村庄之助、8代式守伊之助は「紫」となっている[1]。その「紫」は明治31年以降の16代木村庄之助や6代木村瀬平の房色と同じなのか、それとも異なるのか。
(2) 明治30年以降の立行司3名の「紫」には差異があったのか、なかったのか。つまり、16代木村庄之助、6代木村瀬平、9代式守伊之助は同じ房色だったのか、異なる房色だったのか。
(3) 明治37年5月に6代木村庄三郎は立行司になっているが、その房色は16代木村庄之助や9代式守伊之助の房色と同じだったのか、異なっていたのか。
(4) 明治43年（1910）5月の行司装束改正後、16代木村庄之助と9代式守

---

1) 木村庄之助、式守伊之助、木村瀬平は略して庄之助、伊之助、瀬平と呼ぶこともある。

伊之助の房色は同じだったのか、異なっていたのか。
(5) 明治44年5月に木村進は紫白房になっているが、9代式守伊之助の房色と同じだったのか、異なっていたのか。
(6) 大正初期に11代式守伊之助（木村進）は初め「紫白」だったが、後で「総紫」になったという新聞記事がある〔『東京日日新聞』(T2.1.12)〕。本当に、11代式守伊之助は「総紫」を許されたのだろうか。また、12代式守伊之助（木村誠道）は横綱格として17代木村庄之助と同様に「紫房」を許されたと雑誌記事に記述されている〔『夏場所相撲号』(T10.5, p.105)〕。12代式守伊之助と17代木村庄之助はまったく同じ紫房を許されていたのだろうか。

房に紫糸があれば、混じっている白糸の割合に関わらず、「紫房」と呼ばれることが多い。白糸が混じっていることを表す場合は、「紫白」と呼ぶ。本章では、説明の便宜上、「総紫」、「准紫」、「紫白」、「半々紫白」というように、4種類に分ける。

(1) 総紫：　　すべて紫糸である。「純紫」ともいう。
(2) 准紫：　　白糸が1本ないし3本くらい混じっている。一見すると、総紫である。
(3) 紫白：　　白糸が数本混じっている。見た目にも白糸が混じっていることがわかる[2]。
(4) 半々紫白：白糸と紫糸が同じくらいずつ混じり合っている。

---

[2] 白糸が多くなると、普通、白糸だけをまとめて1、2カ所に配置してある。昔の文献によく見られる白糸と紫糸の「染め分け」というのは、そのような配置を表しているようだ。現在の式守伊之助の紫白房は白糸と紫糸を別々にまとめて配置している。もっと具体的に言えば、一つの房に白糸は1カ所に10本ぐらいずつ、2カ所にまとめられている。現在、紅白房や青白房で白糸をどのくらい混ぜるか、またどのように配置するかなどに関し、規定は何もない。白糸を朱糸や青糸より多く混ぜる行司も例外的にいるらしい。

2. 明治の立行司

　明治の立行司の地位としての房色は「朱」である。服装は麻上下であり、履物は草履である。草履を履けるようになれば、横綱土俵入りを引ける。紫は「名誉色」であり、特定の立行司に特別に授与される。したがって、授与されない行司もいる。さらに、立行司になっても、同時に紫房を授与されるわけでない。紫は地位を表す階級色ではない。紫房を許される年月は行司によって異なり（表）、どのような基準で許されたかははっきりしない。

　明治43年（1910）5月に行司装束改正があり、それ以降、行司の階級色は決まっている。つまり、地位と房色が一致した。結論を先取りして言えば、木村庄之助は「総紫」、式守伊之助は「准紫」か「紫白」、准立行司は「半々紫白」である。

3. 文献の房色

　立行司の紫房に関しては、「紫」と「紫白」が両方使われている。現在の立行司の階級色に慣れている場合、どちらが正しいのか迷ってしまう。つまり、木村庄之助は紫房、式守伊之助は紫白房という階級色を明治時代の立行司にもそのまま当てはめてしまうと、事実を正しく把握できない。明治時代の立行司の場合、現在の階級色を当てはめてはいけないのである。実際、同じ行司が「紫」となっていたり、「紫白」となっていたりする。そのような記述例をいくつか、次に示す[3]。

3）「紫」や「紫白」を含む記述はスペースの関係で省略してある。

表 明治の立行司の房色

行司	期間	朱	草履	紫白
13代庄之助	嘉永6.11-明治9.4			?[4]
14代庄之助	明治10.1-18.1			M15.6[5]
15代庄之助	明治18.5-30.5			?[6]
16代庄之助	明治31.1-45.1	M20.1	M29.5	M31.1
6代瀬平	明治31.1-38.2	M15.7	M18.7/M29.6	M32.5
8代伊之助	明治17.5-31.1	M15.1	M17.1	M30.1
9代伊之助	明治31.5-44.2			M37.5
6代庄三郎		M34.5	M37.5	M38.5
(明治43年5月の行司装束改正)				
10代伊之助	明治44.5-45.1			M44.5（紫白）
17代庄之助	明治45.5-大正10.5			M45.1（総紫）
木村進		M34.5	M39.1	M44.5（半々紫白）
11代伊之助	明治45.5-大正3.1			M45.5（紫白）
木村誠道		M34.5	M39.1	T2.1（半々紫白）
12代伊之助	大正4.1-10.5			T3.5（紫白）

---

4) 13代木村庄之助の房に関しては、たとえば『報知新聞』（M32.5.18）によると、「紫」となっているが、実際は白糸が混じった「紫」である。つまり、「紫白」である。この紫白は明治以前（つまり江戸末期）に許されている。学研発行『大相撲』(pp.116-7)の錦絵「鬼面山の横綱土俵入り」（国輝画）では13代木村庄之助の房色は一見して「総紫」だが、実際は白糸が数本交った「紫白」だったはずだ。免許状でも「紫白打交」となっていた可能性が高い。この錦絵は明治2年か3年に描かれている。

5) 荒木著『相撲道と吉田司家』（S34）の「御請書」（p.126）による。この「御請書」の日付は明治15年6月となっている。明治17年3月の天覧相撲を描いた錦絵には14代木村庄之助の房色が紫のものもある。

第3章　明治の立行司の紫房

文献に記述された房色の例
(1) 13代庄之助
　　　紫白：　『読売新聞』（M32.1.18）
　　　紫　：　『読売新聞』（M30.2.10）
(2) 14代庄之助
　　　紫白：　荒木著『相相撲と吉田司家』（S34）の「御請書」（p.126）
　　　紫　：　（紫房（つまり「准紫」や「総紫」）が授与されたことを示す資料はない）
(3) 15代庄之助
　　　紫白：　三木・山田編『相撲大観』（p.300）／北川著『相撲と武士道』（p.172）
　　　紫　：　『読売新聞』（M30.9.24）／三木・山田編『相撲大観』（p.300）
(4) 16代庄之助
　　　紫白：　『都新聞』（M43.4.29）／荒木著『相相撲と吉田司家』（p.200）
　　　紫　：　『都新聞』（M30.9.25）／上司著『相撲新書』（p.89）
(5) 6代木村瀬平
　　　紫白：　『時事新報』（M38.2.6）／『毎日新聞』（M36.5.16）
　　　紫　：　『読売新聞』（M32.3.16）／三木・山田共編『相撲大観』（p.300）
(6) 8代伊之助
　　　紫白：　「紫白」は見当たらない（見落としているかもしれない）。

---

6) 15代木村庄之助の紫白房は明治25年ごろに確認できる〔『読売新聞』（M25.7.15）〕。明治20年頃の錦絵では紫色になっている。しかし、いつ紫を許されたかはわからない。吉田著『原点に還れ』（H23, p.135）によれば、明治31年に「紫房」（実際は「准紫房」）は15代木村庄之助に初めてを許されている。したがって、それ以前の「紫」はすべて、文字どおり「紫白」だったことになる。しかし、この記述にはいくつか問題がある。たとえば、15代庄之助は明治30年9月に亡くなっている。もしかすると、「准紫」を許した年月を勘違いしたのかもしれない。

　　　　紫：　　『萬朝報』（M30.9.24）／『読売新聞』（M30.12.19）
(7) 9代伊之助
　　　　紫白：　『都新聞』（M37.5.29）／『都新聞』（M43.4.29）
　　　　紫：　　『東京日日新聞』（M32.5.15）／『読売新聞』（M43.5.31）
(8) 6代木村庄三郎
　　　　紫白：　『時事新報』（M38.5.15）[7]／『読売新聞』（M37.5.29）
　　　　　　　　（明治43年5月に階級色が決まる）
　　　　紫：　　『読売新聞』（M43.5.21）

　もちろん、同じ一人の行司の房に関し、「紫」と「紫白」を混同して表現している資料は他にもたくさんある。ここでは、参考となる資料を例示してあるにすぎない[8]。

4. 白糸が混じった紫房

　明治時代の「紫房」（つまり「准紫」）には、実際は白糸が1本ないし数本混じっていた。つまり、実際は「総紫」（あるいは「純紫」）ではなかった。このことを確認できる資料をいくつか示す。

(1) 『読売新聞』（M30.2.10）
　　「紫紐は木村庄之助といえども、房中に2、3の白糸を撚り交ぜ帯用することなれば（後略）」

---

[7] 「紫白房」は直接使われていないが、文脈からその色だとわかる。
[8] 明治43年5月までは「紫」と「紫白」は厳密に区別しないことがあるので、「紫」という表現であっても、実際は白糸がほんの少し混じった「准紫」（または「紫白」）のこともある。たとえば、『読売新聞』（M23.1.29）では、行司の免許を表すとき第一が紫、第二が緋というように、「紫」を使用している。

第3章　明治の立行司の紫房

　この記述から、明治30年（1897）当時、木村庄之助の「紫房」には白糸が2、3本混じっていたことがわかる。この木村庄之助は新聞の日付から15代木村庄之助である。

　(2)　三木・山田編『相撲大観』（M35）
　　「紫房は先代木村庄之助（15代）が一代限り行司宗家、肥後熊本なる吉田氏より特免されたるものにて現今の庄之助及び瀬平もまたこれを用いるといえども、その内に1、2本の白糸を交えおれり。」（p.300）

　木村庄之助は主席、木村瀬平は第二席であるが、同じ「紫房」（つまり「准紫」）を用いていたことがわかる。房色に差異はない[9]。この紫房には白糸が1、2本混じっていることから、「総紫」ではない。

　(3)　北川著『相撲と武士道』〔M44（1911）〕
　　「紫房は、先代の木村庄之助（NH：15代）が、特に一代限りで吉田司家から授けられたもので、中には2本の白糸が交っていた。」（p.172）

　紫房に白糸が本当に2本だけ混じっていたのかどうかは確認できていないが、「総紫」を避けるために「形だけ」混ぜたようだ。なぜ、明治時代にもなって、吉田司家が「総紫」の房を避けたのかはわからない[10]。

---

9)　16代木村庄之助と6代木村瀬平は明治35年夏場所までには「准紫」になっている。しかし、それを同時に授与されたかどうかははっきりしない。おそらく、同時ではないはずだ。確証はないが、16代木村庄之助の「准紫」が明治32年1月か5月、木村瀬平が明治34年春場所後だと推測している。『読売新聞』（M31.6.1）によると、木村庄之助は「紫房」、木村瀬平は「紫白房」の使用を協会に請願している。木村庄之助は1月すでに「紫白」を許されていた。木村瀬平は明治31年6月の時点では「紫房」（厳密には「紫白房」）を許されていない。瀬平の紫白房が許されたのは明治32年3月である。

10)　拙著『大相撲行司の伝統と変化』の第4章「明治43年以前の紫房は紫白だった」で、その理由を示唆してあるが、真実はまだわからない。

59

これらの資料からわかるように、明治43年（1910）5月の行司装束改正までは、「紫房」には白糸がほんの少し混じっていた。つまり、「紫房」と言われていたものは、実際は、「総紫」ではなく、「准紫」だったのである。

5. 16代木村庄之助の免許状

　木村庄之助に授与された免許状の写しが『東京日日新聞』（M45.1.15）に掲載されている。それには「団扇紐紫白打交（後略）」とある。また、『都新聞』（M43.4.29）にも明治31年1月に「団扇紐紫白打交ぜ」が授与されたとある。つまり、16代庄之助の免許状には「紫白」とはっきり書いてあり、「紫」とは書いてない。それにもかかわらず、16代庄之助は「紫房」を授与されたという記述がたくさんある。この紫房には白糸が何本か混じっていたことを知らなければ、「総紫」だと誤解してしまう恐れがある。

　明治15年（1882）7月4日に吉田家と相撲協会が一つの契約を結んでいるが、その中に「免許ス可キモノ左ノ如シ」というリストがある。その一つに、「団扇紐紫白内交」という項目がある。この項目に記されている房色は「紫白」であって、「紫」ではない。吉田司家は明治15年当時も「免許状」では「紫白」と記し、決して「紫」とは記していない。これは江戸の文政年間から明治43年5月までずっと継続していたに違いない。つまり、その間に授与された「紫房」と言われるものは、免許状では「紫白」となっていたのである。その例を2つ示す。

(1) 9代木村庄之助の紫白房
　　『角觝詳説金剛伝』〔文政11年（1828）〕によると、9代木村庄之助に「団扇紫白打交之紐」が授与されている。その房色はやはり「紫白」である。吉田司家が立行司に授与した免許状にはすべて「紫白」と記載されていることから、13代木村庄之助の免許状も間違いなく「紫白」となっていたはずである[11]。

第3章　明治の立行司の紫房

(2) 14代木村庄之助の紫白房

相撲協会が明治15年7月3日付で吉田司家から受け取った「御請書」（p.126）にも14代木村庄之助の房色は、「紫白打交紐」となっている。この14代木村庄之助が「紫」を授与されたという資料は他にない。「御請書」は吉田司家の文書であり、公的なものであることから、間違いなく授与されていたに違いない。「紫房」を授与された歴代の立行司は、免許状では「紫白」となっているのである。

13代木村庄之助も「紫房」を授与されたと文献では記されているが、これまで見てきたとおり、免許状には「団扇紫白打交之紐」のように「紫白」という表現が使われているに違いない。つまり、実態は「総紫」ではなく、白糸が混じった「紫白」だったのである。江戸時代には13代木村庄之助を含め、「准紫」を許された行司は誰もいなかったと推測しているが、これが正しいのかどうかは、今のところ、はっきりしない。

6. 木村家と式守家の最高位

木村家と式守家の最高位の行司には同じ「紫房」が授与されている。家柄の差はあったが、房の色に差はない。それを示す証拠は少なくとも2つある。

一つは、6代伊之助が明治10年（1877）1月に木村庄之助の上位になっている。これは、木村庄之助が常に上位だという考えを覆すものである。もし木村庄之助の房色が式守伊之助のそれより上位に固定していたなら、このような地位の逆転現象は起きなかったはずだ。つまり、明治10年当時、木村

---

11) 私は13代木村庄之助の免許状を見たことがない。免許状の「紫白房」では紫糸と白糸がどのくらいの割合で混じっていたのか、その辺がはっきりしないが、白糸が数本混じっていたものと推測している。明治時代の「准紫」では白糸が1本ないし3本くらい混じっていたが、「紫白」では白糸が少なくとも数本混じっていたはずだ。

庄之助と式守伊之助は家柄に差があったが、房色は2人とも同じ「紫」(つまり、ここでは「紫白」)だった。

もう一つは、『東京朝日新聞』(M41.5.19) の記事「行司木村家と式守家」でも家柄の差を認める記述がある。

> 「現代の行司にして故実門弟たるは木村庄之助と式守伊之助となり。両人の位は庄之助が年長たると同時にその家柄が上なるをもって、先ず庄之助をもって上位とせざるべからず。軍扇に紫白の打交ぜの紐を付するはその資格ある験(しるし)なり。」

明治41年 (1908) 5月当時、木村家が式守家より家柄は上であるが、免許状の房色ではその区別はない。すべて「紫白」である。木村家、式守家、瀬平の家には家柄として差異があったが、それは房色に必ずしも反映されていない。「紫」は地位としての色ではなく、名誉的な色なので、家柄の差を房色に反映する必要がなかったのかもしれない。しかし、これが真実かどうかはもっと吟味する必要があるかもしれない。

7. 6代木村瀬平と9代式守伊之助

明治37年 (1904) 5月に9代伊之助は「紫白房」を許されている〔『読売新聞』(M37.5.29)〕。6代瀬平は9代伊之助より家柄は下位である〔『読売新聞』(M30.2.10)〕[12]。それを根拠にすれば、伊之助が瀬平より下位の色を授与されることはない。つまり、瀬平の房色と同じか、それより上位の色となる。

---

12) 『角力新報』(M31.8、pp.57-8) にも同じようなことが述べられている。木村瀬平は木村庄之助、式守伊之助と同様に、「紫房の格」があり、由緒ある家柄として認められている。たとえば、三木著『増補改訂日本角力史』(p.186) を参照。しかし、木村瀬平を由緒ある家柄として認めるかどうかに関しては、もう少し吟味する必要があるかもしれない。深く調べたわけではないが、何となく気になる家柄である。

しかし、伊之助の房色は瀬平のそれより下位であった[13]。瀬平は「准紫」だが、伊之助は「紫白」だった。

9代伊之助は明治37年5月に「紫白」を授与されているが、その房色は16代木村庄之助や6代木村瀬平の房色と異なる。しかし、免許状ではすべて、「紫白」である。木村家と式守家の家柄の差異が房色に反映されるようになったのは、房色と階級色が一致するようになったときである。つまり、明治43年（1910）5月の行司装束改正時である。

8．6代木村庄三郎

6代木村庄三郎は木村家の二番手だが、「紫」が授与されている〔『時事新報』（M38.5.15）〕。木村家と式守家の最高位の1人にそれぞれ「紫」が授与されるという慣例にこれは反する。なぜ慣例に反して木村庄三郎に「紫」が授与されたかはわからない[14]。同じ行司の家から「紫」の立行司を2人立てることも珍しいが、慣例は「決まり」ではなかったのかもしれない。たまたまそれまで1人だけだったが、事情により2人でも「紫」を授与するようになったのであろう。事実、その後、「紫」の立行司が出るようになっている[15]。

明治43年5月以前は、「紫」の16代木村庄之助と6代木村瀬平は、実質的にはすべて「准紫」だった。木村家の二番手である木村庄三郎の房色は、9代式守伊之助の房色と同じである。つまり、「紫白」である。『都新聞』（M43.4.29）の「庄之助の跡目」に次のような記述がある。

---

13) もちろん、9代式守伊之助は明治37年5月に紫白房を許されるまでは、朱房だった。その紫白房は文字どおり「紫白」であるが、木村瀬平の房色は同じ「紫白」であっても、実際は「准紫」だった。
14) 16代木村庄之助の去就が明治40年代初期には噂になっていたが、木村庄三郎が立行司になったのは明治38年5月である〔『時事新報』（M38.5.15）〕。
15) 明治43年5月以降、木村庄之助を除いて、第三席の准立行司は「半々紫白」である。

「順序格式より言えば、伊之助の相続を相当とせんも本家伊勢の海にて承引すまずく、かつ団扇の作法において異なるところあれば、庄三郎一躍して庄之助を襲うべく予期せらる。また現在庄之助・伊之助の格式を論ずれば団扇の下紐において差異あり。庄之助は紫、伊之助は紫白打交ぜにて庄三郎と同様なりと。」

　房色と階級色が一致するようになったとき[16]、木村庄之助を「紫」、式守伊之助と木村庄三郎を「紫白」と決めたはずだ。木村庄三郎は例外扱いだったに違いない。実際、木村庄三郎が式守伊之助になった後では、第三席の立行司は「半々紫白」となっている[17]。

9. 房色と階級の一致

　房色が階級と一致するようになったのは、明治43年5月の行司装束改正時である。装束の飾り紐なども房色と一致するようになった。これは、次の記事で確認できる。

- (1)「菊綴は軍配の房の色と同じく階級に従い、紫、緋、紅白、青白に分かれ、(中略) 足袋以下は (中略) 露紐は黒色、(後略)」〔『読売新聞』(M43.5.31)〕
- (2)「紫は立行司、緋が草履、紅白・青白共に足袋、行司足袋以下は黒、青の2種である」〔『都新聞』(M43.5.31)〕
- (3)「立行司は紫、次は朱、本足袋行司は紅白、格足袋行司は青白と定め、

---

16) 階級と房色が一致するようになったのは、実際は明治42年6月の国技館開館の頃にはすでに決まっていたはずだが、本章では説明の便宜上、明治43年5月の行司装束改正時を採用することにする。
17) 木村瀬平は明治38年2月5日に亡くなっているので、木村庄三郎は当時、第三席の立行司である。上位に16代木村庄之助と9代式守伊之助がいた。

第3章　明治の立行司の紫房

(中略) 幕下行司は (中略) 紐類はすべて黒色を用い、(後略)」〔『時事新報』(M43.5.31)〕
(4)「露紐は軍扇の房と同じく、階級によって識別をなせり。」〔『萬朝報』(M43.5.31)〕
(5)「露紐は紫、緋、紅白、青白と各階級に依って色を異にする。(中略) 足袋以下の露紐は一般に黒を用い (後略)」『東京日日新聞』(M43.5.31)〕
(6)「立行司三名は菊綴・胸紐を紫とし、以下紅、紅白、青白と、その地位によって色を分かち、足袋以下は菊綴なく胸紐は黒色を用いる。」〔『二六新報』(M43.5.31)〕
(7)「露紐は紫、緋、紅白、青白の四種にて、これは行司の階級に従い、軍扇の房と同色のものを用いるものにて、胸紐および袖紐などもまた同様なり。(中略) 足袋以下は (中略) 紐はすべて黒となし、(後略)」〔『毎日電報』(M43.5.31)〕

どの新聞も立行司は「紫」とだけ記述している。装束の飾り紐類は団扇の房色と一致するようになったとあるように、房色は明治42年（1909）6月の国技館開館時あたりにはすでに決まっていたかもしれない。明治41年5月の新聞記事によると、まだ立行司の「紫房」は「総紫」と「紫白」に二分されていない。しかし、明治43年2月の新聞記事によると、装束の紐の色と房色は同じである。

(1)『東京朝日新聞』(M41.5.19) の記事「行司木村家と式守家」
　「現代の行司にして故実門弟たるは木村庄之助と式守伊之助となり。両人の位は庄之助が年長たると同時にその家柄が上なるをもって、先ず庄之助をもって上位とせざるべからず。軍扇に紫白の打交ぜの紐を付するはその資格ある験(しるし)なり。」

この記事によると、木村庄之助と式守伊之助は同じ房色「紫白」である。

(2) 『読売新聞』（M43.2.9）の「角界雑俎」
「行司は従来上下で勤め、昨年5月の開館式から立行司だけは土俵入りに大紋素袍を用いることとなったが、今5月場所からは袴を全廃しすべて鎌倉時代に則り横麻に雲立浮線の丸の鎧下に武士烏帽子を被ることとなった。鎧下の紐の色を軍配の房の色と同じように紫は立行司、緋は緋房行司、白と緋混交は本足袋行司、萌黄に白の混交は格足袋ということにして段を分けてある。」

この記事では、立行司は「紫」となっているが、実は、木村庄之助は「総紫」、式守伊之助は「紫白」となっていた。また、明治43年4月の新聞記事によると、立行司の木村庄之助と式守伊之助の房色には差異が生じている。

・『都新聞』（M43.4.29）の「庄之助の跡目」
「順序格式より言えば、伊之助の相続を相当とせんも本家伊勢の海にて承引すまずく、かつ団扇の作法において異なるところあれば、庄三郎一躍して庄之助を襲うべく予期せらる。また現在庄之助・伊之助の格式を論ずれば団扇の下紐において差異あり。庄之助は紫、伊之助は紫白打交ぜにて庄三郎と同様なりと。」

明治43年4月には庄之助は「総紫」、伊之助と庄三郎は「紫白」となっている。つまり、6月の装束改正以前にすでに房色に差異が生じている[18]。

10. 木村庄之助と式守伊之助の房色

明治43年4月の新聞記事で見るように、庄之助と伊之助の房色はすでに異

---

18) 装束改正以前から房色と階級は一致するようになっていたが、公式にはその一致が認められるのは、明治43年5月である。

なっていた。しかし、明治43年5月の新聞記事では、立行司はすべて「紫」として記述されている。立行司の間の房色の細かい違いはまったく記されていない。したがって、新聞記事だけを見ると、立行司はすべて、同じ「紫」房を使用していたという錯覚に陥る。私も最初、その区別に気がつかず、庄之助と伊之助は同じ房色だったのではないかと思った。さらに細かく調べていくうちに、庄之助の「総紫」と伊之助の「紫白」を区別しないで、一括りするときは「紫」と呼んでいることがわかった。したがって、当時の文献を読むときは、どのような立場で「紫」を使用しているかを知らなければならない。

　庄之助と伊之助・庄三郎の房色に差異があることを見てきたが、もう少し詳しく見ていくことにしよう。

(1)『時事新報』（M44.6.10）の「相撲風俗（8）― 行司」
　「行司の資格はその持っている軍配の房の色で区別されている。（前略）大関格は紫白、横綱格は紫というように分類されている。それから土俵上で草履を穿くことを許されるのは三役以上で、現在の行司では緋房の誠道と紫白の進と紫房の庄之助、伊之助の二人である。」

この記事では、庄之助と伊之助は横綱格で、ともに「紫」となっている。他方、木村進は第三席の立行司だが、大関格となり、「紫白」となっている。立行司は二分されていて、横綱格は「紫」、大関格は「紫白」である。これだけを見ると、庄之助と伊之助は同じ「紫」、進は「紫白」をそれぞれ使用している。しかし、実際は、横綱格にも差異があるのである。つまり、庄之助は「総紫」であり、伊之助は「准紫」である。したがって、立行司3名の房色は3種あることになる。

(a) 木村庄之助：　総紫。すべて紫糸。
(b) 式守伊之助：　准紫（あるいは紫白）。白糸が少し混じっている。紫糸と白糸の割合は不明。現在とほぼ同じだとすれば、9対1くらいの割

合かもしれない。
(c) 木村進：　半々紫白。白糸がたくさん混じっている。紫糸と白糸はほぼ同じ割合かもしれない。

伊之助の准紫が、以前の庄之助や伊之助の「紫」と同じものなのか、それとも白糸を少し増やしたものなのかははっきりしない。現在、伊之助の房色は「紫白」と呼ばれているので、白糸を増やしたものになったかもしれない。第三席の進は庄之助や伊之助と違い、「紫白」として記述されているので、見た目にも白糸が目立っていたかもしれない。進は真の立行司ではなく、立行司格または准立行司である。

(2)『都新聞』（M44.6.17）の「行司になって四十四年」
「横綱・大関と同格なのは立行司で、軍扇は紫房を持っております。（後略）」

『東京日日新聞』（M44.6.11）の「行司の一代」でも同じような記述がある。
「横綱、大関と等しいものは紫の房を持った立行司で、（後略）」

この記事では、木村進は「立行司」として捉えられているので、木村庄之助・式守伊之助と同様に「紫」として分類されている。すなわち、3名の立行司・木村庄之助、式守伊之助、木村進にも細かく見ていけば、房色に差異があるが、その差異を無視し、立行司3名の房をともに1つとして括るときは「紫」とするのである。そのため「紫」という表現がどのような文脈で使われているかに注意しないと、誤解を招く恐れがある。

11. 木村進と木村誠道の房色

大正時代の新聞記事と雑誌記事に次のような記述がある。

第3章　明治の立行司の紫房

(3)　11代式守伊之助（木村進）の紫

　「式守伊之助（進）は初日まで紫房に白が交りおりしも二日目より真の紫房に昇進し、立派な立行司となれり」〔『東京日日新聞』（T2.1.12）〕

(4)　12代式守伊之助（木村誠道）の紫

　「日本に紫房の行司は三名となります」〔『夏場所相撲号』（T10.5、p.105）〕

　まず、11代式守伊之助（木村進）の「紫房」についてみてみよう。進は明治44年5月に准立行司、明治45年5月に伊之助になっている。そして、大正2年1月に紫房になったという。この「紫房」は木村庄之助の「総紫房」と同じだろうか、という疑問が生じる。

　本章では、それまで使用していた准立行司の「半々紫白」から、式守伊之助の「准紫」（あるいは紫白房）に変更したことではないかと考えている。横綱格の庄之助と同じ「総紫」ではなく、白糸が少し混じった伊之助の「准紫」（または「紫白房」）である。吉田司家から伊之助昇格の免許状が届いたのが、大正2年1月ではなかっただろうか。当時は、吉田追風から免許状が届いて初めて、新しい房色を使用したようである。

　もし、実際に、伊之助が大正2年1月に「総紫房」を許されたとしたら、例外的な扱いとなり、これまでの慣例に反することになる。明治末期には、庄之助は「総紫」、伊之助は「准紫」（または「紫白房」）と決まっていたからである。房色が階級色と一致するならば、その変更は例外となる。そのような例外はなかったはずだと考えている。新聞記者が「真の紫房」を庄之助の「総紫」と考えていたか、あるいは立行司の「紫房」と考えていたか、どちらかであろう。立行司の「紫房」であったなら、庄之助は「総紫」、伊之助は「准紫」（または紫白）である。伊之助の「紫房」はこれまでの「半々紫白」と比べれば、一見して「紫」である。

　それから、木村誠道の「紫房」は明らかに立行司としての「紫」を意味している。立行司は1つに括るときは「紫」という表現をする。大正10年5月には17代木村庄之助と12代式守伊之助（誠道）が立行司だった。大阪にも

当時、立行司は1人いた。立行司は当時、日本では3名いたのである。東京相撲の17代木村庄之助は「総紫」、12代式守伊之助は「准紫」(または「紫白」)だったことは確かだ。ちなみに、木村朝之助は「紫白房」だったという。この「紫白房」は、実際は、「半々紫白」だったに違いない。朝之助は第三席の「准立行司」だったからである。朝之助は大正3年5月場所の土俵祭りで「紫」(厳密には半々紫白)を使用していることから、上位の誠道は当時すでに「紫白」だったはずだ。誠道は大正4年1月に式守伊之助を襲名した。

12. 本章のまとめ

本章では細々したことを詳しく述べてきたが、簡単にまとめておく。

(1) 明治30年以前の立行司の「紫」は、実際は、「紫白」であった。免許状には「紫白打交」となっていた。これは明治43年5月まで続いていた。したがって、明治30年以降の立行司の「紫」も、実際は、「紫白」である。
(2) 明治30年以降の3名の立行司の房色には差異があった。つまり、16代木村庄之助と6代木村瀬平の房色は「准紫」だったが、9代式守伊之助の房色は「紫白」だった。
(3) 6代木村庄三郎は明治38年5月に紫白房を許されたが、それは上位の16代木村庄之助と違っていた。しかし、9代式守伊之助の房色とは同じだった。
(4) 明治43年5月の行司装束改正後は、16代木村庄之助と9代式守伊之助の房色には差異があった。つまり、木村庄之助の房色は「総紫」だが、式守伊之助の房色は「紫白」(あるいは「准紫」)である。
(5) 明治43年5月以前、「紫房」(つまり「准紫房」)を許された立行司は3名である。つまり、15代木村庄之助、16代木村庄之助、それに6代木

村瀬平である。それ以外の立行司は「紫白房」である。

(6) 11代式守伊之助（木村進）は明治44年2月（本場所は5月）に准立行司になったが、その房色は「半々紫白」だった。式守伊之助の「紫白」（あるいは「准紫」）とは異なっていた。

(7) 12代式守伊之助（木村誠道）は「紫白」から「総紫」になったのではなく、准立行司の「半々紫白」から式守伊之助の「紫白」になった。

本章では、房色と階級が一致したのは明治43年5月としているが、実際は明治42年6月ごろには決まっていたかもしれない。これはもっと資料を探して深く調べていけば、簡単に解決できそうである。これは今後の検討課題であることを指摘しておきたい。

【追記】紫房の間の区別

　16代木村庄之助と6代木村瀬平が「准紫」だという文献はいくつかあるが、9代式守伊之助の房色が「准紫」だという文献は見たことがない。「紫白房」という記述ばかりである。なぜ「准紫」を使用していたという記述がないのだろうか。それがずっと気がかりになっていた。これまでは、16代木村庄之助と6代木村瀬平は同じ「准紫」を使用していたと述べてきたが、実は、9代式守伊之助は文字どおり「紫白」だったのである。この「紫白」は明治37年5月に許されている〔『都新聞』（M37.5.29）〕。それまで、式守伊之助は立行司にも関わらず、房色は「赤」（「朱」）だった。

　16代木村庄之助は明治31年（1898）1月に「紫白」を許されている。4月付の免許状では「紫白打交」とあるので、房色は「紫白」だったに違いない。『読売新聞』（M31.6.1）の記事に、次のような記述がある[19]。

　　「木村庄之助は軍扇に紫房、瀬平・伊之助両人は紫白打交房免許（中略）を協
　　　会へ請願したる」

　木村庄之助は最初「紫白房」を使用していたので、その上の「准紫」を請願したに違いない[20]。つまり、1月の段階から「准紫」を許されてはいなかった。もし1月の時点から「准紫」を使用していたなら、6月の時点で「准

---

19) 6代木村瀬平は明治32年5月（本場所）に、また9代式守伊之助は明治37年5月に、それぞれ「紫白」免許を授与されている。16代木村庄之助は明治31年1月に紫白を授与されているので、この「紫房」は別物であるに違いない。9代式守伊之助の紫白房は明治37年5月に授与されていることから、この請願は却下されていることになる。

20) 上司著『相撲新書』（M32, p.89）によると、16代木村庄之助は吉田司家から明治31年3月に麻上下や木剣とともに「紫房」を許されている。この「紫房」は「准紫房」かもしれない。この見方が正しければ、明治31年6月の「紫房」請願をどう説明すればよいのだろうか。本章では、この見方に従っていない。紫房を1月に許されていたなら、6月にわざわざ請願をする必要がないからである。

第3章　明治の立行司の紫房

紫」を請願するはずがない。このことから、最初は「紫白」を許され、のちに「准紫」を許されたという見方をしている。

吉田著『原点に還れ』(H23) には、「准紫」を最初に授与された行司は15代木村庄之助であると記されている[21]。

　「明治31年、15代木村庄之助に対し23世追風善門が初めて紫分の団扇として紫房を授与し、それ以降今日に至っている」(p.135)

どのような手順を踏んで、15代木村庄之助に「准紫」が許されたかは不明だが[22]、この准紫は「総紫」ではない。たとえば、北川著『相撲と武士道』(M44) には、次のような記述がある[23]。

　「紫房は、先代の木村庄之助（15代木村庄之助＝NH）が、特に一代限りで吉田司家から授けられたもので、中には2本の白糸が交っていた」(p.172)

「准紫」が「総紫」に変わったのは、おそらく、明治42年（1909）の国技館開館以降あるいは明治43年5月の装束改正時だろう[24]。16代木村庄之助

---

21) 15代木村庄之助の紫房が「准紫」だったことは、他の資料からも確認できる（たとえば『読売新聞』(M30.2.10)）。
22) 15代木村庄之助は明治25年頃すでに「紫」を使用している。これは協会が許したもので、吉田司家から正式の免許は受けていなかったらしい〔『読売新聞』(M25.7.17)〕。この「紫」は、実際は文字どおり「紫白」だった可能性が高い。この「紫白」が明治30年2月に「准紫」に変わったのかもしれない。
23) 他の資料としては、たとえば、『読売新聞』(M30.2.10) や三木・山田編『相撲大観』(M35) などがある。この『相撲大観』では、木村瀬平が木村庄之助と同様に、「准紫房」を使用していたことが確認できる。
24) 軍配房と階級色が装束の菊綴じや飾り紐などで一致するようになったのは、公式には、明治43年5月の装束改正時だが、明治42年5月の国技館開館時あたりから決まっていた可能性が高い。43年5月以前は、装束は裃姿である。房色の変化の時期を昭和43年5月とするか、それとも42年頃とするかは、実に微妙だが、ここではいずれでもよいとしている。

も「紫白」から「准紫」に変わったが、明治42年頃まで同じ「准紫」だったはずだ[25]。

6代木村瀬平が「紫白」から「准紫」に変わったのは、明治34年4月かもしれない[26]。当時の『読売新聞』(M34.4.8)に次のような記述がある[27]。

「大相撲組熊本興行中、吉田追風は木村瀬平に対し一代限り麻上下熨斗目並びに紫房の免許を与え、(後略)」

9代式守伊之助は明治37年5月に、また6代木村庄三郎は明治38年5月に、それぞれ「紫白」を許されている。この「紫白」は文字どおりの「紫白」で、16代木村庄之助や6代木村瀬平の「准紫」と異なる。6代木村庄三郎の房色が9代式守伊之助の房色と異なっていたという記述も見たことがない。

---

25) 明治43年5月以前に、16代木村庄之助の「准紫」は「総紫」に変わっていないはずだ。

26) 三木・山田編『相撲大観』(M35、p.300)によると、木村瀬平に紫房が許されたのは明治34年4月である。この紫房は、もちろん、「准紫」である。これは16代木村庄之助の房色と同じである。明治32年3月の「紫」と34年4月の「紫」は同じだろうか、それとも異なるだろうか。それは、今のところ、はっきりしないが、本章では異なっていたという見方をしている。大橋編『相撲と芝居』(M33)に木村瀬平は「緋と紫と染め分けの房」(p.43)であると記述されている。この房色は文脈から推測して「紫白」である。「緋」と「紫」の中間には「紫白」しかない。ところが、木村庄之助は一段上の「紫」となっている。これは「准紫」を指しているに違いない。つまり、大橋編『相撲と芝居』は明治33年5月の発行なので、木村瀬平は当時まだ「准紫」を許されていない。つまり、「紫白」だったことになる。木村庄之助はおそらく明治32年1月から明治33年1月の間に「准紫」を許されたに違いない。明治31年6月に「紫」を請願しているので〔『読売新聞』(M31.6.1)〕、早ければ明治32年1月本場所、遅くても大橋編『相撲と芝居』の発行日前(明治33年1月本場所)には「准紫」を使用していたことになる。

27) この記述の「大相撲」は本場所ではなく、一門や組合が巡業する相撲のことである。『時事新報』(M38.2.6)の「故木村瀬平の経歴」では、明治34年4月の房色は「紫白紐」となっている。これから推測すると、房色は「総紫」ではなく、「紫白」である。おそらく、実態は「准紫」だったに違いない。

第3章　明治の立行司の紫房

ということは、明治42年頃までは9代式守伊之助と6代木村庄三郎はともに同じ房色だったことになる。

　ここに述べてあることが正しいかどうかは今後の研究に俟ちたいが、その際は少なくとも次の点が問われることであろう。

(1) 「総紫房」はなかったか。その「総紫房」は明治43年5月以降に使われだしたのか。
(2) 准紫房はいつの時点で許されたか。紫白房の免許授与の時点なのか、それともその後なのか[28]。
(3) 「紫白房」から「准紫房」へと変えるにあたって、どのような手続きを踏んだのか。
(4) 9代式守伊之助と6代木村庄三郎の房色はずっと同じだったか。
(5) 「准紫房」と明治43年5月の「紫白房」では白糸の割合が異なるのか[29]。
(6) 「准紫房」は明治43年5月になくなったのか、それともその「准紫」は当時の式守伊之助の「紫白房」として名称を変えただけなのか。
(7) 明治43年5月以前とそれ以降の「紫白房」は白糸の割合が異なるか、それとも同じなのか。

---

[28] 本章では16代木村庄之助と6代木村瀬平がいつ「准紫」を許されたか、それを裏づける確かな証拠を提示していない。文献の記述から推測しているにすぎない。最初に紫白を許され、後に准紫を許されたに違いないというのも確かな証拠に基づいているわけではない。免許状の「紫白」は、実際は、「准紫」だったかもしれない。その可能性をまったく否定できない。このように、「准紫」をめぐっては未解決の問題がいくつかある。

[29] 明治43年5月の後、式守伊之助の「紫白」は現在と同じようになったと推測しているが、これが正しい推論か否かは必ずしも定かでない。実は、「准紫」に近いものだったかもしれない。つまり、白糸がほんの数本混じったような「紫白房」だったかもしれない。それが時代の経過の中で現在の「紫白」に変化し、そして定着したかもしれない。明治43年5月の式守伊之助の「紫白」が現在と同じように白糸が1割程度混じっていたのか、それとも白糸が数本混じっていたのかはもっと検討すべきかもしれない。

(8) 明治43年5月以前には「半々紫白」はなかったのか。

　明治43年5月以前は、「准紫」と「紫白」をまとめて「紫」と呼ぶことが多い。そのため、逆に、その「紫」が「准紫」を指しているのか、「紫白」を指しているのか、混乱することがある。明治時代の新聞記事、雑誌記事、相撲関連の資料等を読んでいると、どの色の房について述べているかを見極めるのは非常に難しいことがある。
　大正時代に入っても雑誌『夏場所相撲号』(T10.5) の「お相撲さん物語」に次のような記述がある。

　「日本に紫房の行司が三名となります」(p.105)

　この「紫房」は立行司木村庄之助の「総紫房」と式守伊之助の「紫白房」、それに大阪相撲の立行司木村玉之助の「総紫房」のことを指している[30]。
　なお、紫房の異種、つまり「総紫」、「真紫白」、「半々紫白」については本書以外で詳しく扱っている。その稿は近く専修大学の紀要に発表の予定である。明治時代の木村進は「半々紫白」だが、大正時代の准立行司も「半々紫白」であったに違いないことを指摘してある。階級と房色が一致する以前の「准紫」は最初から許されたものではなく、最初に「紫白」、その後に「准紫」を許されたはずだ。関心のある方にはそれを参考にするよう勧めたい。

---

30) 大阪相撲の立行司木村玉之助の房色は「総紫」だと判断したが、これが正しいかどうかは定かでない。大阪相撲の立行司が東京相撲と同じような経緯を経ているのかどうかも定かでない。ここで肝心なことは木村玉之助も大阪相撲の立行司だということである。

第4章　行司の黒房と青房

1. 本章の目的

初めに[1]、説明の便宜上、幕下以下行司の房色を次のように使い分けることとする。

(1) 区分け：　　階級によって青色と黒色の区分けが決まっている。
(2) 自由選択：　階級によらず青色と黒色は自由に選択する。
(3) 黒のみ：　　階級によらず一様に黒色のみを使用する。

本章では、幕下以下行司の青房と黒房に関し、次のような使われ方があったことを指摘する[2]。

(1)『時事新報』(M44.6.10) の青房と黒房の区分けに関する記事は誤って

---

[1] 本章をまとめている段階で29代木村庄之助と35代木村庄之助にお世話になった。ここに改めて感謝の意を表する。
[2] 幕下以下行司の房色については拙著『大相撲行司の伝統と変化』(H22) の第5章「幕下以下行司の階級色」でも一つの見方を提示しているが、その見方は「区分け」を認めており、間違った分析だとわかった。本章では房色の「区分け」を認めず、「自由選択」が明治43年5月以降現在までずっと維持されてきたことを提示する。困惑する事態になったが、文献を調べなおしているうちに、新しい見方にたどり着いたのである。それでその見方を公表することにした。

いたかもしれない。事実としてはそのような区分けはなかったのではないか。その記事を正しい区分けと勘違いした相撲通が雑誌や書籍などで取り上げたため、その区分けがあたかも存在するかのようになってしまった。当時の相撲通は房色と階級の実態を検証してはいなかったようだ。幕下以下行司は階級に関係なく、黒房と青房は自由にどちらかを選択していた。すなわち、明治43年（1910）5月以降現在までずっと、黒房と青房は変わりなく「自由選択」だった。

(2) 本章では房色の「区分け」は存在しなかったとしているが、「区分け」の有無を確認できない期間がある。明治44年（1911）から大正9年（1920）までの期間である。その期間中に「区分け」を認める文献がいくつかあるが、それは事実を反映していないはずだ。『時事新報』（M44.6.10）の記事を検証することなく、それが真実だと思い込んだ可能性がある。大正10年には黒房と青房のどちらかを自由に選択するようになっている。それは文献で確認できる。制度として一度「区分け」を認め、それが「自由選択」に変わったのであれば、どの時点で変更になったかが問われなければならない。しかし今のところ、制度変更の時期を特定できる文献は見当たらない。もともと「区分け」は存在しなかったのだから、「自由選択」に変更した時期を確認できる文献が存在するはずはない。

(3) 明治44年6月以降でも幕下以下行司の房色は「黒」のみとしている文献が非常に多いが、これは事実を正しく反映していない。事実は「青」も「黒」も同時に存在していたからである。大正10年頃には青房が優勢を占め、それはその後も変わりなく続いている。このような実情にもかかわらず、なぜ「黒」のみを幕下以下行司の房色として記述しているのか、その理由がわからない。

行司界では、明治43年5月の装束改正時まで幕下以下行司の房色は「黒」

第4章　行司の黒房と青房

のみだったが、そのとき「青」も第二の選択肢として使用が許された。すなわち、青が新しく導入され、黒房と青房を自由に選択して使うことができたのである。現在まで、その「自由選択」は続いている。

ところが、『時事新報』（M44.6.10）によると、青色は幕下行司、黒色は三段目以下行司が使用すると報じている[3]。

・『時事新報』（M44.6.10）の「相撲風俗（8）〈行司〉」
　「行司の資格はその持っている軍配の房の色で区別されている。すなわち序ノ口から三段目までは一様に黒い房を用い、幕下は青、（後略）」

これが正しい記事なのか、そうでないのかを判断する決定的な証拠はない。その後の房色の使われ方を調べてみても、この「区分け」に従った記述をした文献もあるし、そうでない文献もある。また、その「区分け」が一時的に実施されたとしても、いつそれを中止し、元の青か黒の選択に戻したかもわからない。文献の記述は混乱し、どれが真実を伝えているか、判断できないのである。そこで、本章では、幕下以下行司の黒房と青房がどう扱われてきたかを、あえて明治44年6月以降昭和30年（1911.6-1955）までの文献を中心に調べることにした[4]。

---

3) 明治44年6月頃の他の新聞などに「区分け」による房色の使い分けがないかどうかを調べてみたが、まったく見当たらなかった。大正初期には「黒のみ」を使用するという綾川著『一味清風』があるが、これは「青」を無視しており、「区分け」を知るには、参考にならない。
4) 拙著（H22）の第5章「幕下以下行司の階級色」では青房を上位、黒房を下位と区分けしているが、これは間違った見方であることがわかった。「区分け」が当時すでに存在していたという間違った思い込みがあり、その線に沿って分析したことが大きな誤りである。わずか1年後の明治44年6月に「区分け」の記述があり、その記述を正しいと思い込み、それに合わせるように無理に解釈したのである。明治43年5月当時、「区分け」はなく、「自由選択」だったし、また、明治44年6月の『時事新報』の記述も事実を正しく伝えていないことがわかった。本章は以前の見方（H22）を大きく修正していることを指摘しておきたい。

明治44年6月を「始まり」にしたのは、『時事新報』(M44.6.10)の記事に青房と黒房に関する「区分け」があるからである。昭和30年を「終わり」にしたのは、相撲規定に青房と黒房のうちどちらでも自由に使えることが明記されたからである。それまでの相撲規定では十両以上の房色について明記されていたが、幕下以下行司の房色については何も記されていない。

2. 区分けか自由選択か

　明治43年5月の装束改正時には、黒房と青色のうちどちらかを自由に選択できた。それは『都新聞』の記事で確認できる。

　「行司足袋以下は黒、青の二種である」

　他の新聞ではすべて「黒」となっているが、この『都新聞』の記事にあるように、「青」は第二選択として許されている[5]。それはその後、青色が房色として使われていることからもわかる。当時の新聞を読む限り、青色を幕下行司に限定するということは確認できない。また、その後、幕下以下行司は階級に関係なく、どの階級でも青色を使用していることから、青色が第二選択肢して許されていたことは間違いない[6]。
　ところが、『時事新報』(M44.6.10)によると、幕下以下行司の房色は「区

---

[5] この房色「青」と「黒」の記述は2通りに解釈できる。一つは青か黒のいずれかとするものである。これが自然な解釈である。もう一つは区分けによる使い分けがあるとするものである。階級のことは記されていないが、上位と下位には房色に違いがあるという解釈である。本章では前者の解釈に従っているが、拙著(H22)の第5章「幕下以下行司の階級色」では後者に従っている。

[6] 風見著『相撲、国技となる』(H14)には「実は、階級色が決められたとき、第二選択肢として緑色を用いてもよいとなっていたのである」(p.129)とあり、青か黒の「自由選択」を認めている。

80

第4章　行司の黒房と青房

分け」されている。すなわち、幕下行司は青房、三段目以下は黒房である。これは真実だろうか。その「区分け」を裏づける資料はあるだろうか。明治44年（1911）から大正3年（1914）頃までの文献ではそれを裏づけることはできなかった。

『角力画報』（T3.1、p.35）や綾川編『一味清風』（T3、p.194）では幕下以下は黒房になっている。まったく青色の記述はない。青色が文献で確認できるのは、大正4年以降である。たとえば、『無名通信』（T4.5、p.69）、『野球界』（T5.5、p.54）、『春場所相撲号』（T9.1、p.48）、『武侠世界』（T10.5、p.98）などの文献で、区分けによる記述が見つかる。

このように、文献で幕下以下行司の房色が区分けされていたことを確認できるが、同時に、「自由選択」による文献も見つかる。たとえば、田中著『相撲講話』（T8.1、p.226）、東京角道会編『相撲の話』（T14.5、p.104）などがある。

大正時代には、「区分け」とともに「自由選択」の文献があり、どれが真実かはっきりしない。『時事新報』（M44.6.10）以降、区分けが実際にあったのか、それとも「自由選択」だったのか、いずれかが正しい記述だとする証拠が見当たらない。黒房のみを記した文献には「青色」がまったく言及されておらず、伝統的な「黒房」をただ踏襲していて、実態を反映していない。また、区分けによる青色のことを書いてある文献の場合、それが『時事新報』（M44.6.10）の孫引きかもしれないという疑いがないわけでもない。すなわち、行司が実際に使っている房色を確認することなく、『時事新報』（M44.6.10）で得た知識をたまたま記事にしたかもしれないのである。実際、幕下以下行司の房色の場合、実際に確認していないのではないかという疑念が生じる記述がたくさんある。大正時代の区分けに関する記事もその一例ではないかという疑念がある[7]。

明治43年5月の装束改正時では、房の色は階級色と一致するようになっていた。それが、『時事新報』（M44.6.10）にあるように、わずか1年後に改訂されている。当時の他の新聞ではその改訂を報じた記事は見当たらない。そのため『時事新報』（M44.6.10）の記事が間違っていた可能性がないとは言

81

えない。だが間違った記事だったとしても、青色を黒色より上位の色とする世間一般の慣習に合致するし、区分けにも違和感は生じない[8]。相撲界や行司界を知っている相撲通でも疑念を持たず、すんなり受け入れることができる。しかし、そのような区分けが実際にあったことを確認するには、裏づけとなる確固とした証拠が必要である。

3. 『夏場所相撲号』(T10.5)の「行司さん物語」

『夏場所相撲号』(T10.5)の「行司さん物語」では、当時の現役行司が出世物語や房色について詳しく語っている。その中で、幕下以下行司の房色について次のように語っている。

「その幕下までが緑総なのです」(p.104)

拙著(H22)の第5章「幕下以下行司の階級色」では、区分けがあったという推測をし、次のように述べている。

「この『緑総』は『青色』と同じである。幕下格は青とはっきり述べてあるが、三段目格以下については必ずしも明確でない。しかし、この記述は『三段目に出世する』という小見出しの中で述べているので、文脈から推測して青は幕下格と三段目格の色だと判断してよい。そうなると、序二段格以下は

---

7) 『時事新報』(M44.6.10)の記事では幕下が「青」となっているが、昭和時代になると幕下と三段目が「青」と変化している。いつそのような変化が起きたのかはわからない。昭和29年(1896)の文献ではほとんどすべて、幕下と三段目が「青」として記述されている。しかも、記述の内容だけでなく表現そのものが非常によく似ている。孫引きの印象を免れない。

8) 色に関する説明は風見著『相撲、国技となる』(pp.127-30)が詳しい。黒は最下級の色であり、青はそれより上位である。

第4章　行司の黒房と青房

間違いなく黒である」(p.164)

　拙著（H22）の出版後、青房と黒房のことを調べ直していると、そこで述べた説明には次の修正すべき点があることがわかった。

(1)　「幕下までが緑総（青房）なのである」の「幕下まで」というのは、実は、文字どおり「前相撲から幕下格まで」という意味である。つまり「幕下格の行司」や「三段目格行司」だけでなく「幕下格以下すべての行司」である。

(2)　もし「区分け」による房色があったなら、幕下だけが「青色」で、三段目以下は「黒色」となるはずだが、その記述では「幕下まで」となっている。三段目行司と幕下行司の二階級が「青色」だとすると、『時事新報』（M44.6.10）の記事に合致しない。すなわち、新しい区分けが導入されたことになる。これは従来の区分けに合致しない[9]。やはり「幕下まで」という表現は「幕下はもちろん、三段目から前相撲までを含むすべての行司」である。そのように解釈するのが文脈上正しいに違いない[10]。

---

[9]　『時事新報』（M44.6.10）の記事によれば、幕下格は「青」だが、三段目まで「青」になったという文献を見たことがない。そもそも、「区分け」が存在したかどうか、疑わしい。

[10]　この「行司さん物語」（T10.5）には「黒」について何の言及もない。文脈から三段目行司と幕下行司がともに「青」（緑）と読めるが、その「青」が序二段以下も含むのか、そうでないのかはっきりしないのである。拙著（H22）の第5章「幕下以下行司の階級色」では「青」は三段目と幕下に適用されると解釈したが、やはりそれは誤りだったのである。「青」に加えて「黒」もあったが、幕下以下行司はすべて「青」を使っていたと解釈するのが正しい。そう解釈すれば、黒と青の「自由選択」がずっと生きていたことが無理なく説明できる。大正10年5月頃に「区分け」があったなら、青は幕下だけで、三段目以下は黒だったに違いない。

これが正しい理解だとすると、大正10年（1921）5月の時点では幕下以下行司には「区分け」による房色はなかったことになる。すべての行司は「青色」を使っていたからである。当時は、黒色を使用してもよいことになっていたが、青色が優勢を占めていたというのが実情だったに違いない[11]。

　それでは、大正10年当時、幕下格以下はすべて「青色」を使用しているが、それは突然そうなったのだろうか。実は、そうではなく、「青房」が時の経過とともに増えていったに違いない。明治43年5月以降、青と黒のうちどちらでも自由に選択できるという慣習が行司界に生きていたのだろう。区分けによる青と黒が混乱して徐々に「青」が増えたのではなく、自由選択による伝統的な慣習が生きていて、徐々に「青」が増えていったのである。そう解釈するのが、実情に合致する。

　しかし、この「行司さん物語」に従い、青房が大正10年頃によく使われていたとすると、これに反する記述をどのように説明すればよいだろうか。

(1) T9.1、『春場所相撲号』の「行司になるには、呼出しになるには〈行司の階級〉」

---

11) これは現在の状況とよく似ている。現在でも、規定では「黒」と「青」のいずれでもよいが、実際は「青」がほとんどである。黒を現在（2015.9）使用しているのは、木村将二だけである。木村秋治郎（幕内）も幕下時代、青房をともに黒房も使用していたことがあると語っていた。興味深いことに、29代木村庄之助の自伝『一以貫之』（p.189）には幕下以下は「青房」になっている。もちろん、規定では「黒」があることを知りながら、あえて実情に合わせて「青」としている。『大相撲』（初場所展望号、H13.1）で木村秋治郎が黒の菊綴じに青房の写真が掲載されている。本人にその理由を確認したところ、この不一致はたまたま勘違いによるもので、すぐ黒房に変えたと語っていた。秋治郎は青房も黒房も使用している。菊綴じの装束は自分で注文して作ったそうだ。装束の胸紐が青、軍配の房色が黒というように、色の一致が見られないもう一つの例としては、三段目行司（当時）の式守敏広（のちの36代木村庄之助）の写真がある〔『国技相撲のすべて』（S49.7, p.104）〕。本人に確認すると、先輩から譲られた黒房の軍配をたまたま使用したとのことだった。本人は当時、青房の軍配を使用していた。黒房の軍配を作成したことはないとも語っていた。

「序の口から三段までは黒の房、幕下格は青の房」(p.48)

(2) T10.5、『武侠世界』(春場所相撲号)の「行司の階級」
「序の口から三段目までは黒の房、幕下格は青の房」(p.98)

　この文献は出版年がほぼ同じである。この文献の「区分け」が正しければ、大正10年の「行司さん物語」の「自由選択」は間違っていることになる。本章では、「区分け」による文献は事実を正しく反映していないと解釈している。おそらく、孫引きによる記述である可能性が高い。それは間接的にしか証明できない。「行司さん物語」は当時現役の上位行司が直接事実を語ったものである。昭和時代になっても現役行司が当時「自由選択」による房色を語っているのに、行司でない相撲通は「区分け」を依然として語っている。行司を信じるか、相撲通を信じるかと問われると、房色に関する限り行司に軍配を上げざるをえない。行司が雑誌類で直接房色について語ることはめったにないが、そのほとんどが「自由選択」を一貫して維持しているのである[12]。

4．異なる記述

　『夏場所相撲号』(T10.5)の「行司さん物語」で見たように、大正10年5月頃にはすでに幕下以下行司の房色は圧倒的に「青」になっていたが、その後の文献にも「自由選択」による「青」か「黒」を支持するものがいくつかある。

---

12) 行司の中で「区分け」の存在を認めている文献には木村庄之助(22代)・前原太郎(共著)『行司と呼出し』(p.66)があるが、いつの時代までその「区分け」があったかについては語っていない。この文献の「区分け」についてはもっと他の資料で検討する必要がある。ちなみに、この著書は22代木村庄之助が語ったのを木島貞二氏がまとめたものである。

(1) 『相撲道』（S9）の「行司の訓練と見識」
　　「この幕下までが、緑房なのである。」(p.15)

(2) 『角界時報』（S14.6）の「行司の苦心物語」
　　「この幕下までがすべて緑房をもってその格式の表現としている。」(p.7)

　大正10年5月以降でも、幕下以下は「青色」だった。それはその後も続き、昭和9年（1934）の『相撲道』や昭和14年6月の『角界時報』でも確認できる。青房がある時期、突然消滅したり復活したりすることはありえない。大正10年5月ごろ確認できた「青色」はその後もずっと続いていたはずである。注意深い相撲通は昭和9年や昭和14年6月にもそれを確認したに違いない。ということは、その間に書かれた「区分け」による使い分けは、真実をそのまま伝えていなかったことになる。また、幕下以下行司は「黒」だけだと記述してある文献も実態を正しく理解していなかったに違いない。実際、そのような文献がたくさんある。
　20代木村庄之助は『国技勧進相撲』（S17）を著しているが、それにも幕下以下行司は青か黒だと記している[13]。

　　「序ノ口、序二段、三段目、幕下の行司は土俵上素足で、青色と黒色の房を使用致します。」(p.55)

　当時でも、「区分け」による文献はあるし、「黒のみ」だとする文献もある。いずれも、おそらく房色を確認することなく、記述してあるに違いない。確認してあるならば、そのような記述にはならないからである。20代木村庄之助は行司の中の行司であり、房の色も正しく記述してある。当時、すでに青色と黒色は自由に使っているが、それは少なくとも大正10年頃か

---

13) この本は松翁が死んでから2年後に出版されているが、松翁が生前記録したものを整理して出版したと「叙」に記されている。

第4章　行司の黒房と青房

ら続いていたものである。

5. 昭和18年（1943）以降の現役行司の証言

　松翁の『国技勧進相撲』（S17）では青房と黒房のいずれでもよいとなっているが、どの色がよく使われているかはわからない。しかし、これまで見てきた3つの雑誌記事から推測すれば、昭和17年でも青房が優勢だったに違いない。

（1）『夏場所相撲号』（T10.5）の「行司さん物語」
　　「その幕下までが緑総なのです」

（2）『相撲道』（S9）の「行司の訓練と見識」
　　「この幕下までが、緑房なのである。」（p.15）

（3）『角界時報』（S14.6）の「行司の苦心物語」（p.7）
　　「この幕下までがすべて緑房をもってその格式の表現としている。」（p.7）

　昭和17年頃にも、青色が間違いなく優勢だったことを裏づける雑誌記事がある。それは『体育週報』（S18.11）の「鍛える豆行司対談」で、その中に次のような記述がある。

　　「松男――行司は全体で50人位いますが、幕下以下みんな緑房です」（p.17）

　この対談には当時、現役の序二段格であった式守良太郎と式守松男が登場している。式守良太郎は昭和20年6月に廃業したが、式守松男は28代木村庄之助になっている。対談記事で、式守松男は「幕下以下はみんな緑総（青房）だ」と語っている。これにより昭和18年11月ごろ、幕下以下行司は圧

倒的に青房を使用していたことが確認できる。別の見方をすれば、少なくとも大正10年5月以降、幕下以下行司は「区分け」によらず、青か黒を自由に選択していたことになる。青か黒のうち、たまたま青が圧倒的に優勢だったということである。

　昭和18年以降も青か黒のうちどちらかを自由に選択している[14]。たとえば、29代木村庄之助（桜井）は戦後、昭和20年11月に初土俵を踏み、昭和31年1月に十両になっている。つまり、昭和30年11月まで幕下だった。29代木村庄之助によれば、区分けによる房色は記憶になく、昭和20年11月から昭和30年11月まで房色は青か黒のいずれでも自由に選択できたという[15]。

　27代木村庄之助にも房色について数年前に確認し、また最近も再確認したが、幕下以下の房色に「区分け」があったことなど記憶にないと語っていた。そして、本人は青房をずっと使っていたとのことである。27代木村庄之助の幕下時代には房色は黒か青だったことは間違いない。ところが、岩崎著『土俵の周辺』（H27、p.41）に矛盾する記述がある。

　　「十両になれば、装束は変わる。さっそく、贔屓の客がその装束を贈ってくれることになった。軍配お房もそれまでの単なる黒い房から青白房になる」
　　（p.41）

　この記述によれば、幕下以下の時代は「黒房」になっていて、「青房」はあたかも存在していないかのようだ[16]。そこで、35代木村庄之助をとおして27代木村庄之助に確認してもらったが、やはり、27代木村庄之助は十両

---

14) たとえば、『相撲と野球』（S18.12）の「行司の階級」（p.40）では、幕下以下行司は黒か青を使用すると書いてある。20代木村庄之助だけでなく、他の木村庄之助や式守伊之助たちの『自伝』や雑誌記事などを調べてみても、青房と黒房の「区分け」を認める表現は見当たらない。各『自伝』は本書「参考文献」に示してある。

15) 29代木村庄之助には幕下時代の房色についてこれまでに何度か確認したが、当時、黒か青を自由に選択できたし、先輩に黒を使うものもいた。当時は青色が多かったそうだ。階級による房色の区分けは聞いたことがないという。

第4章　行司の黒房と青房

になるまでずっと「青房」を使用していたという[17]。27代木村庄之助は、昭和25年に幕下から十両になっているので、昭和10年あたりから昭和25年まで、幕下以下行司は黒房か青房の自由選択だったことになる[18]。

このように見てくると、少なくとも大正10年（1921）5月以降昭和30年あたりまで、幕下以下行司は、区分けによらない房色だったことがわかる[19]。つまり、黒か青を自由に選択して使用していた。昭和30年の相撲規定では

---

[16]　この記述にある「黒い房」は「青い房」の間違いではないかと編集者を通して著者（岩崎氏）に確認したところ、27代木村庄之助は間違いなく「黒い房」と言ったので、間違いはないという。現役の三役行司・木村玉治郎がインタビューのときに同席し、原稿もチェックしてもらったので、「黒い房」で間違いないということだった。これは平成27年（2015）8月20日に編集者から聞いたことである。その後、8月29日に35代木村庄之助にお願いして27代木村庄之助に確認すると、インタビューで「黒い房」と言ったかどうかはわからないということだった。いずれにしても、本人が黒房を使ったことはないと語っており、27代木村庄之助が幕下以下の時代、青房をずっと使っていたことは確かである。

[17]　たとえ27代木村庄之助が幕下行司のとき、黒房を使用していたとしても、それは「区分け」がなかったことを示している。区分けがあったならば、幕下行司は青房だったからである。27代木村庄之助本人が序ノ口から幕下行司までずっと青房を使用していたと語っていることから、当時、「区分け」は存在していなかったといえる。インタビューで「黒房」と言ったなら、言い間違いか、象徴的に使ったかもしれない。実際、青の存在を知っていながら、「黒」を慣習的に使用している場合がある。

[18]　文献では昭和19年（1944）から25年（1950）の幕下以下行司の房色を確認できなかったが、当時、現役行司だった2人の元木村庄之助の証言により黒か青の「自由選択」だったことが確認できた。また、昭和18年には区分けがなかったことを当時の現役行司が証言していることから、それ以降も「自由選択」が続いていたと判断してよい。昭和25年以降でも区分けがあったことを記述してある文献はあるが、それは実態を検証していない間違ったものである。

[19]　木村庄之助（22代）・前原太郎共著『行司と呼出し』（S32, p.66）にも昭和30年頃には黒色はほとんど使われていないと語っている。すなわち、当時は青色がほとんどだった。35代木村庄之助（内田）も入門当時、すでに青色だったと語っていた（H27.8）。もちろん、黒房が完全に使用されていないという意味ではない。わずかながら、2、3の行司は黒房を使っていたらしい。これは現在でも同じである。

青か黒と明記されており、区分けによる房色はない。

6. 区分けの階級の混乱

『時事新報』（M44.6.10）では、区分けは幕下が青、三段目以下が黒となっていたが、その区分けの階級はいつも同じとは限らない。たとえば、次の文献では幕下と三段目が青、序二段以下が黒となっている。

(1) S4.1、『春場所相撲号』の「行司の資格」
 「青白の房——序の口及び序二段目格に相当し最下級のもの。
 青房： 三段目及び幕下格（但し十両を除く。俗に二段目という）に相当する」（p.97）

この記述では房色と階級が一致しないが、単なるプリントミスの可能性もある。文脈からすれば、「青白の房」は「黒の房」である。房色の使い分けは正しくないが、幕下以下行司の区分けは明確である。すなわち、青房は幕下と三段目、黒房は序二段以下である。このような区分けは『時事新報』（M44.6.10）と異なる。

(2) S16、彦山著『相撲美開眼』
 「『黒』は前相撲から序二段までにあたり、『青』は三段から幕下（十両をのぞく）までに相当する」（p.75）

(3) S17、加藤著『相撲』
 「（前略）青が幕下・三段目、黒が一番下で序二段以下前相撲までに相当している」（p.173）

(4) S23.3、『読売スポーツ』の「相撲鑑賞の手引き」

「下から黒房（序二段以下）、青房（幕下以下）」(p.60)

黒房は序二段以下、青房は幕下と三段目に相当する。

(5) S27、彦山著『相撲読本』
「『黒』は前相撲から序二段あたりまでに当たり、『青』は三段目から幕下まで（十両は別）に相当する。」(p.170)

昭和29年の文献では、不思議なことに、ほとんどすべて一様に青房は幕下と三段目、黒房は序二段以下となっている。

(1) S29.1、『相撲』の「行司一覧表」
「幕下格（青房）、序二段から新序格（黒）」（それぞれの格に行司名が書いてある）

(2) S29.2、『大相撲観戦案内』の「大相撲観戦手引〈行司の見分け方〉」
「黒房：　一番下の格式が黒房、これは行司の一年生で、前相撲、本中、序ノ口、序二段まであたりに相当し、行司としては練習期にあたる。
青房：　三段目から幕下まで（十両は別）に相当する。黒、青ともに土俵では足袋をはけず、素足行司とも言っている。」(p.8)

(3) S29.4/6、『夏場所観戦案内』の「大相撲観戦手びき〈行司とその階級〉」
「青房――三段目から幕下（十両を除く）格、足袋がはけず、はだしで土俵上にいるので、"はだし行司"の異名がある。
黒房――行司の最下位で一年生でもある。前相撲から本中、序ノ口、序二段までで、行司の基本を学ぶところである。」(p.28)

(4) S29.10、『相撲』の「行司の見分け方」

> 「黒房——これは行司の一年生、力士では本中、序ノ口、序二段クラスに相
> 当する。
> 青房——三段が目から幕下までに相当する。黒、青とも土俵上で足袋がは
> けないので『はだし行司』とも言っている。」(p.37)

　文献で青房が幕下と三段目、黒房が序二段以下という区分けが見られるのは昭和時代に入ってからだが、実際はそれ以前の文献でも見つかるかもしれない。いつ、そしてなぜ、そのような区分けになったかはわからない。明確なのは、区分けの階級に混乱があるということである。なぜなら、同時に、『時事新報』(M44.6.10) と同じような区分けの記述も見られるからである。

　これまでに見てきたように、大正10年（1921）以降、青房が黒房より圧倒的に使われていたのだから、幕下以下では区分けがもともとなかったと見るのが自然である。すなわち、幕下以下の区分けは存在しなかったにもかかわらず、相撲通がその存在を信じ込み、そのように記述したとしか考えられない。行司界の現役たちは明治43年（1910）5月の時点から何も変わりなく、青と黒を自由に選択して使っていたはずだ。時代の経過とともに、青が黒より優勢を占めるようになったのである。

7. 黒のみの記述

　明治43年5月以降、幕下以下では従来からの黒房に加えて、青房も許されたが、依然として青色の存在を無視した文献がたくさんある。すなわち、「黒のみ」の記述をしている。その中から、参考までに、いくつか示す。

(1) T3.1、『角力画報』(春場所相撲号) の「ちゃんこ番から〈行司の資格〉」
> 「黒糸格式——序の口、序二段、三段目、幕下（十両を除く）所の行司で、
> 行司の最下級に位している。」(p.35)

第4章　行司の黒房と青房

(2) T3、綾川編『一味清風』(p.194)
「黒糸格式──これは行司の一年生で力士の前相撲、本中[20]、序の口、序二段、三段目、幕下（番付の第二段目中十両を除きたるもの）に相当する行司の階級で黒糸の房を団扇につけているものである。」(p.194)

(3) T3、栗島著『相撲通』(pp.63-4)
(4) T8.1、田中著『相撲講話』(p.226)。
(5) T14.5、東京角道会編『相撲の話』(p.78)。
(6) S5.12、大ノ里著『相撲の話』(p.54)。
(7) S7.6、上田著『相撲早わかり』(p.41)。
(8) S10.5、小泉著『昭和相撲便覧』(p.39)。
(9) S11.5、『夏場所相撲号』の「相撲通になるには〈行司の資格〉」(p.115)。
(10) S12.5、『角界時報』の「角界事物詳解〈行司〉」(p.14)。
(11) S13.12、『春場所相撲号』の「行司の見分け法」(p.179)。
(12) S14.1、伊藤著『相撲展望』(p.63)。
(13) S15.9、国技相撲研究会著『相撲四十八手図解』(p.39)。

昭和16年以降でも「黒のみ」の記述をした文献は絶えることなく続いている[21]。「黒のみ」の記述が明治44年以降、なぜ依然としてたくさんあるのか、実はわからない[22]。明治末期から大正初期であれば、第二選択としての「青」を見落としていたのだとも考えられるが、青が圧倒的に多く使用さ

---

20) 「本中」は前相撲と序の口の間の階級で昭和48年3月場所まであった。その後は廃止されている。
21) 一例を示すと、昭和28年4月に発行された『相撲事典』(『相撲増刊』、p.148)にも「黒」として記述されている。
22) 明治43年以前なら幕下以下行司の房色は「黒」だけなので、「黒のみ」の記述だけになる。「青」の導入は明治43年5月である。そのとき、装束の飾り物は階級色と一致するようになった。階級色は前年の明治42年にはすでに決まっていたはずだが、新聞などで公的に確認できるのは明治43年5月である。

れるようになった大正中期以降となると、やはり「不思議だ」としか言いようがない。実態を完全に無視した記述になっているからである。

　相撲通と称される人たちは行司の房色をまったく確認することなく、明治43年以前の知識をそのまま記述したのかもしれない。そしてそれが昭和30年までそのまま受け継がれてきたのかもしれない。それにしても数が多すぎる。相撲通の中には行司界にも出入りし、軍配の房を実際に見たものもいたはずだし、雑誌や書籍を読み、事実に反する記述だと気づいていた人も多くいたはずである。私は文献を読んでいて、実態とあまりにもかけ離れた記述に驚き、私の気づかない理由が何かあるかもしれないと思うようになった。そして、いまだにその理由はわからないのである。

　相撲通といえども、行司の房色に関しては深い知識を持ってはいなかったのだろうか。中にはそういう人もいたかもしれないが、そうでない人もたくさんいたはずだ。執筆者名を見れば、相撲通だとすぐわかるような人もたくさんいる。また、現場で行司に直接会い、語り合った雑誌記者もたくさんいたはずである。そのような人たちが書いた記事が「黒のみ」の記述になっている。「黒」が代表的な色で、その中に「青」も含まれているという解釈があるかもしれないが、それは屁理屈で、実情を何も反映していないと言ってよい。「青」が優勢を占めている実態で、「黒」が代表的な色だと言っても、それは通用しない。要するに、「青」の存在を無視した「黒のみ」の記述は房色の実態を正しく反映していない。

8. 空白の期間

　『時事新報』（M44.6.10）の記事で幕下以下行司の房色は区分けによって定まっているとなっているが、それが真実かどうかは必ずしもはっきりしていない。当時の文献では、それを裏づける証拠らしい証拠は見当たらない。少なくとも明治44年から大正3年までの間、区分けを裏づける文献は見当たらない。しかし、大正4年以降、区分けを認める記事がいくつかある。

第4章　行司の黒房と青房

(1) T4.5、『無名通信』の「行司の給料と呼出の修行〈相撲の司吉田家の権式〉」
「序の口から二段目までが黒の房で、幕下格が青、（後略）」(p.69)

この記述には三段目が抜けている。三段目が「黒」なのか、「青」なのかは検討する必要があるが、ここでは「区分け」の記述があることに注意する。

(2) T5.5、『野球界』の「行司と呼出し」
「序の口から三段目までは黒の房、幕下格が青、十両格が青と白の染め分け」(p.54)

(3) T7.1、小泉著『お相撲さん物語』
「序ノ口から三段目までが黒房、幕下格が青、（後略）」(pp.226-7)

(4) T9.1、『春場所相撲号』の「行司になるには、呼出しになるには〈行司の階級〉」
「序の口から三段までは黒の房、幕下格は青の房」(p.48)

(5) T10.5、『武侠世界』（春場所相撲号）の「行司の階級」
「序の口から三段目までは黒の房、幕下格は青の房」(p.98)

大正9年1月の「行司になるには、呼出しになるには〈行司の階級〉」と10年5月の「行司の階級」は、事実を正しく記述していないはずだ。なぜなら、大正10年5月の「行司さん物語」で見たように、当時、幕下格以下はすべて「青」だったからである。大正9年1月は少し問題になりそうだが、わずか1年くらいで房色が急に変化するとは考えられない。やはり大正9年も青が優勢だったと見るのが自然である。

大正4年5月の「行司の給料と呼出の修行〈相撲の司吉田家の権式〉」と大

95

正5年5月の「行司と呼出し」は、事実を正しく反映しているかどうかわからない。肯定も否定もできない。どちらにしても、裏づけとなる証拠がないのである。

本章では、もともと『時事新報』（M44.6.10）の「区分け」記事が間違っていたという立場なので、大正4年5月と大正5年5月の記事は『時事新報』（M44.6.10）の「区分け」記事をそのまま受け継いだものと考えている。それが真実かどうかは、今のところ、わからない。

もし、『時事新報』（M44.6.10）にあるように、実際に区分けがあったならば、大正初期にはあったが、大正8年頃までには解消したことになる。明治44年から大正8年まで頃の間は「空白の期間」で、幕下以下行司の区分けの有無を見極めるのに大切である。その期間に詳しい文献が見つかれば、どちらかに軍配を上げることができる。もちろん、当時でも「黒色のみ」の記述した文献はいくつかあるが、それは区分けに決着をつけるのに役立たない。「青」の色はすでに導入されており、その青と黒を問題にしているからである。

9. 昭和30年（1955）以降の区分け

昭和30年5月に相撲規定で幕下以下行司の房色は黒か青と明記されている。

・昭和30.5 施行、審判規定「行司」第20条
「幕下二段目以下――黒または青」（「行司はその階級に応じて左の如き色を使用する。」）

これが幕下以下行司の房色を初めて明記した相撲規定である。これによって房色は決着したと言ってよい。しかし、昭和30年以降も「区分け」による記述をしている文献がいくつか見られる。文献ではほとんど、「幕下格・

第4章　行司の黒房と青房

三段目格は青房、序二段格以下が黒房」としている。

 (1) S30.5.17、『朝日新聞』の「相撲豆百科」(6ページ)。
 (2) S31.9、『大相撲』の「相撲界の成り立ち」(pp.28-9)
 (3) S32.2、木村庄之助(22代)・前原太郎共著『行司と呼出し』(p.66)
 (4) S40.9、『大相撲』の「行司」(p.139)
 (5) S43、古河三樹著『江戸時代大相撲』(p.320、雄山閣)
 (6) S52、彦山光三著『相撲道綜鑑』(pp.504-5、日本図書センター)
 (7) S59.6、香山磐根＆相撲友の会グループ『大相撲おもしろ読本』(p.166、日本実業出版社)。
 (8) H2.8、吉成勇編『図録「日本相撲史」総覧』(p.251、新人物往来社)。
 (9) H3、半藤一利著『大相撲こてんごてん』(p.57、ベースボール・マガジン社)
 (10) H4、窪寺紘一著『日本相撲大鑑』(p.98、新人物往来社)
 (11) H5、川端要壽著『物語相撲史』(p.36、筑摩書房)
 (12) H6、桜井正信著『東京江戸案内(巻の4)―相撲と銅像篇』(p.116、八坂書房)
 (13) H6、新田一郎著『相撲の歴史』(p.231、山川出版社)

文献によって房色と階級の扱いが違うこともあるが、どの文献でも区分けはまだ生きている。なぜそのようなミスが起きるのか。理由は簡単である。房色を実際に検証していないからである。自他ともに相撲通と認める人でもそのようなミスを犯している。相撲の世界だけでなく、行司の世界でもときどき規則の改変はある。新しい規則ができたことを知らない場合、その時代に合わない記述をすることがある。幕下以下行司の房色に関し、昭和30年以降の文献をわざわざ取り上げる必要はないが、相撲通が著した書籍にもミスがあるかもしれないということを指摘しておきたい。

10. 結び

　区分けについて書いた『時事新報』(M44.6.10) の記事は、実は、誤っていたかもしれない。それを真実であると当時の相撲通たちが信じ込み、雑誌や書籍などに書いたのかもしれない。大正10年 (1921) 以降、幕下以下行司がすべて「青」を使うようになっていたことから、もともと区分けは存在しなかったとみるのが自然である。当時の現役行司たちは従来の「黒」に加えて、「青」が導入されたことを知り、自由に房色を選択していたはずだ。明治43年 (1910) 5月以降、黒と青は幕下以下行司の房色として生きてきたし、現在も生きている。

　この考えに対する疑問がまったくないわけではない。『時事新報』(M44.6.10) の記事は正しかったが、その区分けは明治44年から大正8年ないし9年の間になくなり、「自由選択」に変わったという解釈である。そのいずれかを裏づける証拠が見つかれば、『時事新報』(M44.6.10) の記事は正しかったことが証明できる。しかし、今のところ、そのような文献は見当たらない。大正10年には幕下以下は青房になっており、それは突然生じたものではないはずだ。青房か黒房のいずれかを自由に選択した結果、青房が優勢になったとみるのが自然である。

　本章ではもともと「区分け」はなかったとしているが、これが真実かどうかは、もちろん、今後も検証しなければならない。「区分け」はあったが、ある時期にそれが「自由選択」になったかもしれない。もしあったとすれば、大正初期の頃かもしれない。それを証拠づける決定的な資料が今後見つかれば、本章の分析は修正しなければならない。今のところ、明治44年6月以降大正9年頃まで青房と黒房がどのように使われていたか、必ずしもはっきりしない。今後、それが明確になれば、「区分け」があったか、もともとなかったか、どちらかに軍配を上げられるはずだ。

第4章　行司の黒房と青房

【資料】　黒房と青房の文献

　幕下以下行司の階級色について述べてある雑誌や書籍類をいくつか示す。他にも資料は多数あり、もっと見つかることは間違いない。詳細な記述内容については出典に当たるとよい。

〈明治時代〉
・M43.5.31、『都新聞』【自由選択】。
・M44.6.10、『時事新報』の「相撲風俗（8）〈行司〉」【区分け】。

〈大正時代〉
・T3.1、『角力画報』（春場所相撲号）の「ちゃんこ番から〈行司の資格〉」【黒のみ】（p.35）。
・T3.10、綾川五郎次編『一味清風』【黒のみ】（p.194）。
・T4.5、『無名通信』の「行司の給料と呼出の修行〈相撲の司吉田家の権式〉」【区分け】（p.69）。
・T5.5、『野球界』の「行司と呼出し」【区分け】（p.54）。
・T7.1、小泉葵南著『お相撲さん物語』【区分け】（pp.226-7）。
・T8.1、田中四朗左衛門著『相撲講話』【黒のみ】（p.226）。
・T9.1、『春場所相撲号』の「行司になるには、呼出しになるには〈行司の階級〉」【区分け】（p.48）。
・T10.5、『武侠世界』（春場所相撲号）の「行司の階級」【区分け】（p.98）。
・T10.5、『夏場所相撲号』の「行司さん物語―紫房を許されるまで」【自由選択】（p.104）。
・T14、東京角道会編『相撲の話』【黒のみ】（p.78）。

〈昭和時代〉
・S4.1、『春場所相撲号』の「行司の資格」【区分け】（p.97）。
・S4.4、『春場所相撲号』の「速成相撲大通〈行司の階級〉」【文脈から黒の

み】（p.44）。
- S5.12、大ノ里萬助著『相撲の話』【黒のみ】（p.54）。
- S7.6、上田元胤著『相撲早わかり』【黒のみ】（p.40）。
- S9.5、『相撲の話』の「行司、呼出し、役員、年寄」【黒のみ】（p.11）。
- S9.5/11（三版）、『相撲道』の「行司の訓練と見識」【自由選択】（p.15）。
- S10.1、『春場所相撲号』の「面白く相撲を見るには〈行司の資格を見る法〉」【分類不可。房色と階級にミス】（p.81）。
- S10.5、小泉葵南（三郎）著『昭和相撲便覧』【自由選択】（p.39）。
- S10.8、花坂吉兵衛・桝岡智共著『相撲講本』の「行司の格式について」【分類不可。幕下以下を「青白」とし、房色に混乱がある】（p.653）。
- S11.5、『夏場所相撲号』の「相撲通になるには〈行司の資格〉」【黒のみ】（p.115）。
- S12.5、『角界時報』の「角界事物詳解〈行司〉」【黒のみ】（p.14）。
- S12.5、『夏場所相撲号』の「相撲通寶典（編集局）〈行司の資格〉」【黒のみ】（p.172）。
- S13.1、『大相撲春場所号』（『アサヒスポーツ』臨時増刊）の「現行司」【黒のみ】（p.19）。
- S13.5　『野球界』別冊付録の「最新相撲寶典」【黒のみ】（p.23）。
- S13.12、『春場所相撲号』の「行司の見分け法」【黒のみ】（p.171）。
- S14.1、『春場所相撲号』の「相撲ファン文福帖〈行司の見分け法〉」【黒のみ】（p.171）。
- S14.4、大日本相撲協会編『国技相撲』【黒のみ】（p.40）。
- S14.6、『角界時報』の「行司の苦心物語」【自由選択】（p.7）。
- S14.6、『大相撲春場所画報』の「行司の階級の見分け方」【黒のみ】（p.96）。
- S14.9　『野球界』別冊付録の「昭和相撲大全」【黒のみ】（p.45）。
- S15.1、『春場所相撲号』の「相撲もの識り百科〈行司の見分け法〉」【黒のみ】（p.180）。
- S16.1、『野球ファン』（春場所大相撲）の「相撲百科典〈行司の見分け法〉」【黒のみ】（p.32）。

- S16.1、『野球界』の「国技相撲は如何に味わうか〈行司の話〉」【黒のみ】（p.111）。
- S16.1、『春場所大相撲』の「春場所相撲観戦手引〈行司〉」【黒のみ】（p.167）。
- S16.5、藤島秀光著『力士時代の思い出』【分類不可。留め色を除く】（p.87）。
- S16.5、『夏場所相撲号』の「夏場所観戦手引〈行司〉」【黒のみ】（p.135）。
- S16.12、『野球界』の「春場所相撲事典〈行司の見分け法〉」【黒のみ】（p.95）。
- S17.9、木村庄之助（20代、松翁）著『国技勧進相撲』【自由選択】（p.55）。
- S17.12、『春場所相撲号』の「春場所大相撲必携〈行司の見分け法〉」【黒のみ】（p.93）。
- S17.12、加藤進著『相撲』【区分け】（p.173）。
- S18.4、『夏場所相撲号』の「行司と行司の部屋別」【黒のみ】（p.59）。
- S18.5、鈴木要吾著『相撲史観』【黒のみ】（p.119）。
- S18.11、『体育週報』の「鍛える豆行司対談」【自由選択】（p.17）。
- S18.12、『春場所相撲号』の「行司の階級」【自由選択】（p.40）。
- S23.3、『読売スポーツ』の「相撲鑑賞の手引き」【区分け】（p.60）。
- S27.1、彦山光三著『相撲読本』【区分け】（p.170）。
- S27.1、『アサヒグラフ』の「行司」【区分け】（p.27）。
- S29.1、『相撲』の「行司一覧表」【区分け】（p.130）。
- S29.2、『大相撲観戦案内』の「大相撲観戦手引〈行司の見分け方〉」【区分け】（p.8）。
- S29.4、『相撲』の「大相撲観戦手びき〈行司とその階級〉」【区分け】（p.28）。
- S29.6、『夏場所観戦案内』の「大相撲観戦手びき〈行司とその階級〉」【区分け】（p.28）。
- S29.10、『相撲』の「行司の見分け方」【区分け】（p.37）。
- S30.5 施行、審判規定「行司」第20条〈房色と階級の明記〉。

第5章　行司の入れ替え

1. 本章の目的

　行司は入門した順序で地位が決まり、その順序で昇進していく[1]。この原則は生きているが、行司の世界でも不測の事態は常にあり[2]、そのために地位に変動が生じることがある。本章では、昭和25年（1950）から現在までにどのような地位の変動があったかを調べ、実際にはかなりの変動があったことを提示する。すなわち、入門順序に反する地位の変動がかなりあったのである。

　地位の変動は階級によってかなり異なる。上位にいけばいくほど、変動は少なくなる。しかし、序ノ口や序二段になると、地位の変動はごく普通のことである。裁く番数が多いし、勝敗を見分ける勘が乏しいからである。しかし、休場による地位の変動になると、行司を務めている勤務年数と関係す

---

[1] 本章をまとめるに際しては特に29代木村庄之助と33代木村庄之助にお世話になった。ここに改めて感謝の意を表する。29代木村庄之助には特に昭和20年代の入れ替えに関し、33代木村庄之助に特に昭和30年代の入れ替えに関し、それぞれ実態を教えてもらった。両庄之助ともその時代には幕下時代を過ごし、じかに入れ替えも経験している。当時、序ノ口や序二段では入れ替えはごく普通のことであり、あまり気にならなかったらしい。

[2] 特別な事情とは先輩が死亡したり、病気によって休場したり、大きな失態を演じたりすることで、他の職場でも見られるものとあまり変わらない。それによって序列が変わると、結果的に年功序列が崩れることになる。

る。病気を理由に簡単に辞められない事情も出てくるからである。

2. 入れ替えの要因

　地位の入れ替えをする要因は時代によって異なるが、その要因をあえて分類すれば、大体、次のようになる。

(1) 黒星数による入れ替え（昭和46年〈1971〉12月を境にして大きく変わる）
(2) 義務教育終了者を優先する入れ替え（昭和20年代後半と30年代前半に見られる）
(3) 年齢を考慮した入れ替え（昭和20年代後半と30年代前半に見られる）
(4) 見習を導入した入れ替え（昭和30年代前半に見られる）
(5) 休場による入れ替え（時代を問わない）
(6) 抜擢による入れ替え（昭和46年12月以降に見られる）
(7) 譲り合いによる入れ替え（平成3年〈1991〉1月に行われている）
(8) 審査による入れ替え（平成6年5月に三役二番手が伊之助になった）

　具体的に見ていけば、この分類は不十分かもしれないが、本章ではこの分類に基づいて記述を進めていく。地位の入れ替えを確認する資料は番付を基本とする。番付を丹念に調べ、どの場所でどのような地位の変動があったかを見ていくのである。本章では、地位変動の例をいくつか示してあるにすぎない。もっと他の事例にも関心があれば、末尾の「入れ替えのリスト」を参照するとよい。

3. 黒星数による入れ替え[3]

　昭和46年12月以前では黒星による入れ替えは普通だった[4]。黒星数が決

第5章　行司の入れ替え

まっていたからである[5]。ただ黒星数は常に一定していたわけではなく、3つの場合もあれば4つの場合もあった[6]。黒星数で一枚下がっても、次の場所の黒星数によっては元の位置に戻ることもできた。また、黒星数によって下がった場合、それがそのまま続く時代もあった。すなわち、1場所の黒星数で席順が決まっていたわけである。

このように、黒星数による入れ替えは時代によって違うので、厳密にはどの時代の入れ替えを考慮しなければならない。しかし、これは番付を見てもわからない。番付では地位の変動はわかるが、なぜ地位が変動したか、またどのような基準で変動したかまではわからない。

---

3) 黒星で入れ替えたのか、スカシによるものなのかは必ずしも明確でない。スカシとは正式な休場届を出さず、相撲部屋から脱走したり雲隠れしたりすることを表す俗語である。一時的不在にしておき、その間復帰するように説得をしたりする。うまくいけば、行司に復帰することもある。当時は、スカシの場合、協会に届けることなく、行司の間で内々で処理することがしばしば行われていたという。これは29代式守伊之助から直接聞いた話である。2場所や3場所で地位が逆転している場合、スカシではなく黒星数に基づいていると判断してよい。

4) 昭和46年12月に行司の昇降が黒星数ではなく、いくつかの要素を考慮し、総合的に判断するようになった。昇進が年功序列ではなく、信賞必罰による抜擢制に変わった。昇降に関することは理事会の審議事項であり、候補者が決定するまで当事者たちには知らされず、発表を待って初めて、誰に決まったかを知るのである。

5) 昭和30年5月の番付編成要領（第8条）によると、黒星数が一場所4個で一枚降格するが、次場所において黒星を取らなければ旧に復するとなっている。昭和30年以前の規定には黒星数と賞罰関係については何も記されていない。黒星数は慣例として適用されていたが、その数は常に一定ではなかったかもしれない。また、階級によって黒星数が違うのか、1場所なのか、年間を通してなのか、元の位置に戻れる可能性はどうなっているのかなど、時代的推移を調べる必要がある。昭和35年1月と昭和38年1月にも入れ替えに関する賞罰規定は改訂されている。そのため、昭和35年以降、黒星数よる入れ替えはほとんどなくなっている。本章では、黒星数に関する細かいことにはほとんど注意を払わず、入れ替えの事実だけを扱っている。

6) 黒星数については、拙著『大相撲行司の軍配房と土俵』（H24）の第4章「行司の黒星と相撲の規定」でもやや詳しく扱っている。昭和46年12月以降は、黒星数だけによる地位の変動はない。賞罰は他の要因も考慮し、総合的に判断して決めることになっている。

A. 地位が戻った例

(1) S27.1　（三段目）護、源之助、玉造、宗市
　　S27.5　（三段目）護、（玉造改め）時夫、源之助、宗市
　　S27.9　（三段目）護、源之助、玉造、宗市

(2) S32.3　（見習）武夫、義明、弘行｜（序ノ口）要之助
　　S32.5　（見習）武夫、弘行、義明｜（序ノ口）要之助
　　S32.9　（見習）武夫、義明、弘行｜（序ノ口）要之助

(3) S32.11　（序二段）金作｜（三段目）文夫、正昭、勇造
　　S33.1 　（序二段）金作｜（三段目）正昭、文夫、勇造
　　S33.3 　（序二段）金作｜（三段目）（文夫改め）正一郎、正昭、勇造

B. 地位が戻らなかった例

(1) S31.9　（序ノ口）栄三、和隆、光彦、郁也
　　S32.1　（序ノ口）栄三、光彦、和隆、郁也
　　S32.3　（序ノ口）栄三、光彦、和隆、郁也

(2) S33.11　（序二段）和隆、郁也、正夫、保之助
　　S34.1 　（序二段）（和隆改め）和隆、正夫、郁也、保之助
　　S34.3 　（序二段）光次郎、正夫、郁也、保之助

(3) S34.5　（序ノ口）真佐也、忠男、弘行、要之助
　　S34.7　（序ノ口）真佐也、弘行、忠男、要之助
　　S34.9　（序ノ口）真佐也、弘行、忠男、要之助

C. 再度の入れ替えになった例

(1) S33.11 （序二段）和隆、郁也、正夫、保之助
　　S34.1　（序二段）和隆、正夫、郁也、保之助
　　S34.3　（序二段）和隆、郁也、正夫、保之助
　　S34.5　（序二段）和隆、郁也、正夫、保之助

(2) S34.5　（序ノ口）勝治、義明、洋一、真佐也
　　S34.7　（序ノ口）勝治、洋一、義明、真佐也
　　S34.9　（序ノ口）勝治、洋一、義明、真佐也
　　S34.11 （序ノ口）勝治、義明、洋一、真佐也

　地位の入れ替えは絶えずあった。たとえば、義明と洋一の例を取り上げてみよう。一度入れ替えがあり、それが2場所続き、固定したかに見えるが、もう一度入れ替わっている。

D. 階級の入れ替えになった例

　　30.5　（序二段）武司｜（三段目）正昭、玉吉
　　30.9　（序二段）武司、正昭｜（三段目）玉吉
　　31.1　（序二段）武司｜（三段目）正昭、玉吉
　　31.3　（序二段）武司、正昭｜（三段目）玉吉

　正昭は三段目と序ノ口を二度入れ替わっている。地位が最下位や筆頭にあるとき、黒星数によっては階級が上がったり下がったりすることもある。

4. 義務教育終了者の優先的入れ替え

　義務教育終了者を優先し、序ノ口の吉之助から序二段の春義まで9人の間で入れ替えがあった。これは義務教育を終了した順序によって入れ替えている。当時は、義務教育を受けながら行司の仕事をすることも許されていた。そのため、学校に通っている行司もいるし、学校を卒業してから入門してくる者もいた[7]。昭和26年（1951）5月には卒業者を優遇することになり、席順を変えている[8]。つまり、まだ学校に通っている行司は義務教育を終了してから入門してくる行司より格下げされている。29代木村庄之助によると、中学を卒業した順序に入れ替えたという[9]。昭和26年9月の番付では序ノ口と序二段の7人が入れ替えられている。5月番付では入れ替えられる席順を数字で表してある[10]。

　　26.5　（序ノ口）正昭、④吉之助、昭彦、武司、③義雄、②共之、①貢

---

7) 義務教育を終了してから入門させるようになったのは昭和46年11月からである。それ以前は必ずしも義務教育を終了していなくてもよかった。すなわち、行司でありながら学校に通う者もいたし、学校を卒業してから入門する者もいた。

8) 入れ替えられた行司がその順序に中学を卒業したかどうかは調べていないが、卒業した順序を重視したのは確からしい。同時に卒業した場合は年齢も考慮したかもしれない。

9) この入れ替えについては、29代木村庄之助が現役（H7.1～H13.3）の頃、行司部屋で他の話とともに聞いている。29代木村庄之助は『大相撲』（H6.9）でも「入門順の序列が義務教育終了順になった」（p.81）と語っている。雑誌では「昭和27年ごろ」となっているが、実際は「昭和26年」である。なお、自伝『一以貫之』（H14）に中学時代について簡単な記述がある（pp.47-9）があるが、入れ替えについては何の記述もない。

10) 当時は義務教育を受けながら行司を務めていたが、徐々に義務教育終了者を優遇するようになったそうである。一門や相撲部屋による巡業でも義務教育終了者は連れていくが、まだ学校に通っている生徒は連れていかなくなっていた。

第5章 行司の入れ替え

| （序二段）⑦勇造、⑥玉吉、⑤春芳 |

26.9 （序ノ口）正昭、昭彦、武司｜（序二段）勇造、玉吉、（式守改め）木村春芳、（式守改め）木村吉之助、義雄、共之、貢｜

5. 年齢を考慮した入れ替え

　これは年齢を優先したものである。昭和31年（1956）5月には序ノ口の光彦から和隆までの11人の間で大幅な入れ替えが行われている。年齢や入門した年月に違いがあり、そのままでは将来に問題が生じないとも限らないので、早い段階で調整した可能性がある。先に入門した行司でも後から入門した行司より若ければ、入れ替えでは不利になっていることもある。たとえば、要之助は光彦より先に入門したが、入れ替えで光彦が上になった。木村清四郎は最も若かったので、最下位にそのまま据え置かれていた。

31.3 （序ノ口）清四郎、⑤光彦、⑪武、⑩義明、⑨弘、④郁也、⑧要之助、③正夫、②靖英、①保之助、⑦栄三、⑥和隆、徳夫、邦夫、玉蔵｜

31.5 （序ノ口）清四郎、（武改め）武夫、義明、（弘改め）弘行、要之助、栄三、和隆、光彦、郁也、正夫、靖英、保之助｜

6. 見習を導入した入れ替え

　これは新しく見習を導入し、人数を整理している。つまり、序ノ口には13人いたが、それを二分し、見習として5人、序ノ口として8人に分けた。この見習制度は昭和35年（1960）1月まで続いている[11]。木村清四郎は最年

少だったため、長い間見習として据え置かれている。見習制度ができてからも入門した行司はいたが、見習としてではなく序ノ口として処遇されている。後から入門した人が見習を飛び越していることから、見習制度は年齢調整の役割を演じていた可能性がある。しかし、それだけの理由だったかどうかは定かでない。見習の行司全員が序ノ口の行司より常に若かったならば、年齢調整の役割を果たしていたと言えるが、そうでなければ他の要因も加味していたことになる[12]。

S31.9 （序ノ口）勝治、武夫、清四郎、義明、弘行、要之助、栄三、和隆、光彦、郁也、靖英、正夫、保之助｜

S32.1 （見習）清四郎、勝治、武夫、義明、弘行｜（序ノ口）要之助、栄三、光彦、和隆、郁也、正夫、靖英、保之助｜

7. 病気による入れ替え

　行司が病気になった場合、どのような処遇を受けるかは必ずしも明らかでない。時代によって扱いが異なっていたかもしれない。病気になって地位が下がれば、それを気にして早々と見切りをつけた者もいただろうし、我慢して行司を続けた者もいたであろう。時代によって病気による休場がどのようになっていたかは明確でないが、地位に変動があった事例として3人の行司

---

11) 見習制度は昭和35年1月まで続き、その後しばらく途絶えていたが、平成になってからもときどき復活している。定数を超えて入門させるとき、別枠としてこの「見習」に類する制度を活用している。具体的には定員45名の「枠外」として入門させている。しかし、この「枠外」採用は常に行われているわけではない。

12) 本章では、入門してきた行司の年齢をまったく調べていない。番付の記載順序だけを調べ、行司間の序列がどのように変化しているかに焦点を当てている。各行司の年齢や義務教育終了の年月がわかれば、もっと厳密な説明ができるかもしれない。

第5章　行司の入れ替え

を見ていくことにする[13]。

(1) 木村筆之助

　木村筆之助は昭和33年（1958）7月に幕内に昇格し、昭和41年11月にはその筆頭になっている。しかし、昭和50年頃から病状（糖尿病だったらしい）が悪化し、取組中の力士に接触し転倒することが何度かあった[14]。動きに精彩さが欠けているのは明らかだった。そのため、幕内筆頭だったにもかかわらず、相撲協会は三役に昇格させなかった。次席の行司を三役に昇格させたのである。つまり、筆之助は下位の行司に追い越されたのである。そのうち筆頭からも落ち、同じ幕内でも枚数が下がっている[15]。そして幕内の最下位まで下がり、その位置でしばらく掲載されていた。昭和58年（1983）9月場所中に休場したが、その後も復帰することなく、昭和59年4月26日に亡くなった。番付発表後だったため、5月場所の番付には掲載されている。

　昭和59年1月場所の番付では特別に「別枠」で掲載されている。序ノ口行司の左側に少し隙間を開け、一人ぽつんと細い字で名前だけ記されている。1月場所の番付では幕内よりやや小さく序ノ口よりやや大きめの太い字だが、3月と5月場所の番付では序ノ口とほとんど変わらない細い字になっている。番付記載で苦心したようである。行司の場合、階級は明記しないの

---

13) 病気で休場しても地位に変動がなかった事例はたくさんあるはずだが、番付に変動がない限り病気が原因なのか他に原因があるのかわからない。現在の規定でも病休をどのように処遇するかは必ずしも明らかでない。昭和25年以降から常に同じ扱いをしてきたかもどうかもわからない。行司の病休が時代によってどのように処遇されたかは興味あるところだが、わからないことがたくさんあるに違いない。文字で発表されたものが少ないし、あったとしても不変だったとは限らないからである。
14) たとえば、昭和55年5月場所の千秋楽、蔵王錦と鳳凰戦で土俵下に転落している。また同年9月場所4日目、玉ノ富士と荒勢戦で足を踏まれ転倒している。他の取組でも何度か失態を演じている。
15) 番付では昭和57年1月（幕内の2番目）、58年1月（幕内の最下位）、59年1月（別枠）にそれぞれ地位が下がっている。

で、やはり「枠外」扱いということになる[16]。

(2) 木村源之助

　木村源之助は昭和33年（1958）7月、十両に昇格したが、病気のため（糖尿病だったらしい）休場が目立つようになった。昭和50年頃からは番付も降格した。昭和52年9月に廃業したときは、筆頭から4枚下だった。病状を勘案して早々と廃業したが、廃業までに番付は下がっていき、下位だった行司に追い越されている。廃業が早かったので、木村筆之助に見るように地位がかなり下がり、「枠外」扱いとなることはなかった。

(3) 木村玉光

　木村玉光は三役筆頭なので、立行司（39代式守伊之助）になれたはずだったが、病気（脳梗塞）による体調不安を理由に本人が辞退している。確かに、平成23年頃から体の動きに敏捷さが欠けていた。病状の回復によっては立行司に昇格するはずだったが、体調不安はずっと続いた。平成24年2月に病状が悪化し、やむなく3月場所を休場している。平成25年1月場所まで6場所も休場している。休場中も番付には地位の変動はない。筆頭のままである。
　立行司をいつまでも空位のままにしておくわけにもいかず、協会は平成24年11月に二番手の木村庄三郎を39代式守伊之助に昇格させた。本来ならば、三役筆頭の木村玉光が39代式守伊之助になるはずだったが、やはり病状は思わしくなく辞退せざるをえなかったのである。結果的に、二番手の木村庄三郎が筆頭の木村玉光を飛び越したことになる。
　36代木村庄之助は平成25年5月に定年退職し、当時立行司は39代式守伊

---

16)　『大相撲』（S59.7）の三谷光司筆「行司の出世すごろく」（pp.146-8）にも筆之助の記述がある。

第5章　行司の入れ替え

之助だけになった。それで、協会は平成25年11月、39代式守伊之助を37代木村庄之助に昇格させ、三役二番手の式守錦太夫を40代式守伊之助にそれぞれ昇格させた[17]。結果的に、式守錦太夫は三役筆頭の木村玉光を飛び越したことになる。当時、木村玉光の健康状態を協会も注意深く見守っていたようだ。立行司の任務を遂行するだけの体力があれば、協会はきっと40代式守伊之助に昇格させたに違いない。

　木村玉光は平成26年7月場所にも休場し、その後も引き続き休場している。木村玉光は最後の本場所である平成27年1月場所にも土俵に復帰することなく、そのまま平成27年2月26日に定年退職している。

　木村玉光は下位の木村庄三郎と式守錦太夫に飛び越されたが、番付では三役筆頭のままだった。本場所は休場していても、地方の巡業場所にはときどき行司を務めていたし、断髪式にも行司役をこなしていた。そのため、協会も周辺も木村玉光は必ず立行司になると見守っていたが、結局、立行司の任を果たすだけの体調には最後まで回復しなかった。木村玉光本人も無念だったに違いない。

8. 抜擢による入れ替え

　昭和46年（1971）12月に抜擢制度が公表されたが、この制度による人事が昭和49年1月の人事で行われている[18]。三役の最下位行司・木村玉治郎が上位2人の行司を飛び越えて伊之助になっているし、幕内の四枚目行司・式守錦太夫が上位3人の行司を飛び越えて三役三番手になっている[19]。

昭和48年11月
　　（立行司）庄之助、（伊之助空位）｜（三役）正直、伊三郎、玉治郎｜

---

[17] 平成25年1月に二番手だった木村正直が病気のため亡くなり、当時三番手だった式守錦太夫が平成25年3月に二番手に昇進した。

(幕内）筆之助、与太夫、勘太夫、錦太夫、庄太郎、庄二郎、玉光｜

昭和49年1月
　（立行司）庄之助、（玉治郎改め）伊之助｜正直、伊三郎、錦太夫｜与太夫、筆之助、庄太郎、勘太夫、庄二郎、玉光、錦之助｜

　昭和47年3月に25代木村庄之助（山田鈞吾）が定年退職したが、昭和47年11月まで庄之助は空位のままだった。昭和48年1月に22代式守伊之助がその空位を埋める形で26代木村庄之助に昇格した。ところが、協会は三役筆頭の木村筆之助を空位の伊之助（23代）に昇格させず、しばらく式守伊之助を空位のままにしておいたのである[20]。そして、昭和49年1月に三役三番手の木村玉治郎をその伊之助（23代）に昇格させている。この人事は抜擢人事である。というのは、木村玉治郎は三役筆頭の木村正直と二番手の木村伊三郎を一挙に飛び越えているからである。三役の最下位行司が上位の2人を飛び越えるという人事はこれまでになかった。人事だから細かい事情まではわからないが、協会内部では木村正直と木村伊三郎は、木村玉治郎より評価が低かったに違いない。木村正直は年輩だし、序列でも最上にいたのだか

---

18) 昭和49年の人事では、昭和46年12月に報道された行司改革案の一部が適用されている。それによると、行司の昇降は年功序列によることなく、信賞必罰に基づく抜擢制度を採用するとなっている。具体的には、①土俵上の勝負判定の明確度、②土俵上の姿勢と態度、③土俵上のかけ声の声量、④下位行司の指導力の有無、⑤事務能力などを査定する（『スポーツニッポン』／『日刊スポーツ』（S46.12.26/27）／『相撲』の「行司の改名と昇進」（pp.162-3）など）。これらの項目はその後、規定の中に盛り込まれ、現在でも生きている。
19) 昭和49年1月に続いて昭和50年3月にも抜擢人事が十両行司と幕下行司で行われている。抜擢人事は幕内以上の行司だけに行われているわけではない。昭和50年3月の入れ替えに関心があれば、番付で確認できる。
20) 木村筆之助の采配は不評だったらしく、元行司の24代木村庄之助も「名前はあげたくないが、確かに筆之助、勘太夫などまずいねえ。」と語っている〔『大相撲』（S47.5）の新田筆「その後の四庄之助」（p.59）〕。

ら、順当にいけば木村正直が伊之助に昇格したはずだ。
　木村玉治郎が伊之助に昇格したのは、制度的には2つの要因が働いている。一つは、抜擢制度である。もう一つは、立行司は理事会の専権事項である。年功序列によって立行司も決まるというのは候補者を理事会がそのまま認めているにすぎない。もし候補者に疑義があれば、理事会が別の候補者を選び、その候補者を立行司にすることができるのである。どのような基準で立行司を決めるかは、賞罰規定に記された要項に基づくことになる。
　幕内四番手の錦太夫が上位3名を抜いて三役の三番手になったのも抜擢人である。このような人事はこれまでに見たことがない。幕内上位の行司3名に何か問題があったに違いない。問題になりそうなのは明確なものもあるし、そうでないものもある。どのように判断するかは、選考委員によって異なる。人事の選考過程は秘密であり、詳細なことはわからない。結果を見れば、式守錦太夫が上位3名より高く評価されていたということである。外部の人はその人事に同意することもあるし、異を唱えることもあるに違いない。また、錦太夫の上にいる3名の行司も理事会の決定に納得する者もいたかもしれないし、そうでない者もいたかもしれない。いずれにしても、候補者4名の評価に関し、興味あれば相撲関係の文献を調べるとよいだろう。

9. 譲り合いによる入れ替え

　平成2年（1990）11月と3年1月の番付を比較してみよう。27代庄之助が平成2年11月に定年退職したので、25代伊之助が平成3年1月に28代庄之助に昇格している。その結果、伊之助が空位になったが、そこに三役筆頭の庄太郎が昇格していない。

平成2年11月
　　（立行司）庄之助（27代）、伊之助（25代）｜（三役）庄太郎、庄二郎、錦之助

平成3年1月
　　（立行司）（伊之助改め）庄之助（28代）、（庄二郎改め）伊之助（26代）
　　｜（三役）庄太郎、錦之助、善之輔｜

　三役二番手の庄二郎が庄太郎（筆頭）を飛び越して26代伊之助に昇格している。庄太郎は筆頭のままだが、結果的に一枚下がったことになる。庄太郎に何か問題があって庄二郎に飛び越されたのだろうか。そう思うのが普通である。行司は上位に空きがあれば、下位の行司がその席に上がるからである。ところが、文献によると、庄太郎に特別に問題はないにもかかわらず、筆頭のまま据え置かれているのである[21]。

　入れ替えが行われたのは、庄太郎が庄二郎に地位を譲ったということのようである[22]。庄二郎は庄太郎より年上であるし、同部屋（春日野部屋）の先輩・後輩の間柄で仲が良かったからだという。先輩の庄二郎が先に伊之助（26代）になっても、すぐ定年になる。そうすれば、次席の庄太郎が伊之助（27代）になる。つまり、2人とも伊之助になるわけだから、お互いに万々歳となる[23]。

　立行司の選考は理事会の専権事項であり、選考過程は秘密になっているは

---

[21] 三役筆頭行司が病気だった場合は、次席行司が筆頭行司を飛び越すことはある。たとえば、木村庄三郎（次席）は木村玉光（筆頭）を飛び越えて伊之助（39代）になっているし、式守錦太夫が木村玉光（筆頭）を飛び越えて伊之助（40代）になっている事例がある。

[22] 『大相撲』（H3.9）の小坂筆「相撲探究―行司のまずさを嘆く」でも「庄二郎が庄太郎を抜いて伊之助に昇格するほど二人の間に力量の差があるとは思えない。この抜てきの理由はなにか？　有力な理由として、二人の年齢の問題がある。」（p.144）とあり、抜擢の理由は年齢だと憶測している。『大相撲人物大事典』（H13）にも「（庄二郎は）1年先輩の庄太郎に譲られたかたちで幸運にも26代伊之助を襲名し」（p.695）とある。

[23] 庄二郎と庄太郎の間柄を知らないと、この入れ替えは「抜擢」によるものと判断される。昭和46年12月以降は、行司の賞罰は総合的に判断されるので、入れ替えは「抜擢」の形になる。

第5章　行司の入れ替え

ずだが、決定する前に庄太郎に何らかの打診があったかもしれない。そうでなければ、庄二郎に「譲る」ということはありえないからである[24]。秘密裏に伊之助を決めて発表したなら、庄太郎が伊之助になり、先輩の庄二郎は三役で退職することになる。しかし、庄二郎は庄太郎に譲ってもらったことになっている[25]。譲ることを事前に理事会に伝えなければ、庄二郎が伊之助になることはなかったはずである。

10. 審査による入れ替え

　平成5年（1993）11月から平成6年3月まで立行司が一人もいない。これは歴史上初めてのことである。理由はそれなりにあるが、関心のある人は他の資料に当たるとよい。この立行司不在は2場所続いたが、その間、三役行司の3名、つまり木村善之輔、式守錦太夫、式守勘太夫は、立行司式守伊之助の候補者として競い合うこととなった。そして結果として、二番手の式守錦太夫が筆頭の木村善之輔を抜いて28代式守伊之助に昇格した。

　平成6年3月

---

[24] もし「譲る」ということがなかったなら、庄二郎は庄太郎を飛び越えて伊之助になれなかったはずである。文献を調べてみても、庄太郎に何らかの問題があったということは見当たらない。

[25] 26代式守伊之助の自伝『情けの街のふれ太鼓』（二見書房、H5）には立行司昇進の知らせを伝えられた時、「年齢と行司としての番付を考えたとき、三役格・木村庄二郎で終わってもおかしくない立場だっただけに、夢ではないかと思ったものだ」（p.215）と書いている。自伝では庄太郎とどのような話があったかについては何も記述されていない。庄二郎自身が自伝で「譲り合い」のことについて少しも触れていないので、本当にそのような話し合いがあったのかどうか定かでない。ただ他の文献によれば、「譲り合い」に触れており、それは間違いないようだ。事前に「譲り合い」があったことを認めるのは、人事への干渉になるので、庄二郎は「何もなかった」こととして触れなかったのかもしれない。

（立行司2人空位）｜（三役）木村善之輔、式守錦太夫、式守勘太夫｜

平成6年5月
　　（立行司）（式守錦太夫改め）式守伊之助（28代）｜（三役）木村善之輔、式守勘太夫｜

　平成6年5月から平成6年11月まで三役は2人・木村善之輔と式守勘太夫だったが、平成7年1月に3人になった。この場所で三役筆頭の木村善之輔が式守伊之助（29代）に昇格した。

平成7年1月
　　（立行司）（式守伊之助改め）木村庄之助（29代）、（木村善之輔改め）式守伊之助（29代）｜（三役）式守勘太夫、木村容堂、木村庄三郎｜

　この場所で幕内から木村容堂と木村庄三郎が三役に昇格した。これは順当な年功序列に基づいた昇格である。

11．結び

　本章では、行司は原則として年功序列で出世していくが、それは原則であって実態としては地位の入れ替えがけっこう行われていることを見てきた。入れ替えの基準は時代によってさまざまだが、大きく分ければ昭和46年（1971）12月が境目となる。それまでは黒星数が入れ替えのカギだったが、それ以降は黒星数に加えて他の要素も加味して総合的に判断するようになった。この抜擢制度は行司の賞罰基準を扱ったものであり、それに照らし合わせて行司は判定されるのである。そしてその制度は現在でも生きている。

　本章では、入れ替えの事実に焦点を当て、事例もいくつか提示したが、

個々の入れ替えの原因についてはあまり深く立ち入っていない。たとえば、義務教育の終了順や正確な年齢について調べてはいない。その意味においては、本章は厳密さと正確さに欠けている。

　昭和46年12月に抜擢制度ができてからは、何を基準にして抜擢が行われたのか、その判定基準が必ずしも明確でない。総合的に判断すると言っても、誰もが納得する基準が適用されてきたのかどうかはっきりしない。人事には公表できないものがあることは確かだが、候補者自身も含めて誰もが納得のいく基準だったかどうかを吟味する必要がある。たとえば、客観的に見て妥当な入れ替えだったかどうか、振り返ってみるのも大切である。抜擢制度による査定は重要だが、判断にあいまいさがあるのは避けなければならない。

　本章では、入れ替えの事実を提示することにポイントを置いてきたが、今後はその入れ替えの基準をもっと明確にする必要がある。入れ替えの基準は時代によって異なるにもかかわらず、それをほとんど無視しているからである。たとえば、黒星数は時代によって何回も変化しているにもかかわらず、本章ではその変化を示さず、入れ替えの事実だけを扱っている。黒星数によらない入れ替えもたくさんあるので、なぜそのような入れ替えが行われたのかを調べることも必要である。

　黒星数による入れ替えにもかかわらず、行司として残ったのはすごいことである。実際には、入れ替わることが確実であることを知り、やむなく行司の世界から離れていったものも少なくないはずだ。本章では、入れ替えた事実にポイントを置いたが、その入れ替えにもかかわらず、行司を続けてきたことには拍手を送りたい。居残った行司たちは入れ替えという事実を目の当たりにしながら、行司の仕事に邁進してきたのである。ゴール寸前になって厳しい判定を下された行司たちの気持ちを考えるといたたまれないが、当事者たちは無念の気持ちをどこにぶつければよいか悩んだに違いない。三役以上まで勤めてきた行司たちの入れ替えに接すると、上位になった行司だけでなく、下位に落ちた行司たちがどのような心境になったかを調べてみたくなる[26]。夢に見た最高位（特に木村庄之助）となる望みを断ち切られた行司た

ちの場合、その無念さには触れないほうが賢明なのだろうか。

---

26) 下位になった行司の心境を述べた資料に接することは少ないが、上位になった行司の心境を述べたものもあまりない。こういう人事に関することは相手に対する心遣いが働くので、微妙な表現となる。たとえば、29代式守伊之助の自伝『一以貫之』（H14）にも28代式守伊之助に昇格したときの心境が述べられているが、素直に喜ぶというよりもむしろ競い合った相手の心境に気を配った表現になっている（pp.149-152）。他の自伝でも責任の重さを強調し、昇格の喜びは抑えられている。人事ではこのような微妙な問題があることから、当事者の心境にまで立ち入ることは難しい。

第5章 行司の入れ替え

【資料】 入れ替えリスト

　この行司の入れ替えリストは昭和25年（1950）1月から平成27年（2015）9月までに限定してある。上位に空きができた場合、席順に従って昇進したものは除いてある。先場所の席順に従わない入れ替えが対象となる。もっと細かく調べればこのリストから抜けているものがあるかもしれない。このリストの作成には主として番付を参照したが、相撲関連の文献はもちろん、インターネット上の情報も参考にした。特に坪田氏の「番附行司欄の行司一覧」の「行司一覧表（PDFファイル）」は大いに役立った。私の自家製の部分的番付表よりも坪内氏の「行司一覧表」が優れている。行司の席順だけでなく、他の重要な情報も網羅されているからである。

S25.1　幕内　木村滝夫が十両から幕内になり、式守善吉の上になる。式守善吉は結果的に一枚下がる。

S26.5　副立　木村玉之助（立行司の三番手）が副立行司（筆頭）に降格し、木村庄三郎（三役筆頭）が副立行司二番手になる。

S26.9　副立　木村庄三郎が木村玉之助（筆頭）を飛び越えて式守伊之助（19代）になる。木村玉之助は筆頭のままだが、結果的に一枚下がった。木村正直（三役筆頭）が副立行司（二番手）になる。

　　　　序二　木村貢、木村共之、木村義雄、（式守改め）、木村吉之助が（式守改め）木村春芳、木村玉吉、木村勇造の上になる。

S27.5　三段　木村源之助が（玉造改め）木村時夫の上になる。

S27.9　三段　木村時夫が木村源之助の上になる。

　　　　序二　木村昭彦が序ノ口から序二段になり、木村玉吉と木村勇造の上になる。結果的に、序の口の木村武司（筆頭）は位置が下がる。

S28.9　序二　木村勇造が木村玉吉の上になる。

S28.9　序ノ　（入門した）木村富士夫（筆頭）が式守武司の上になる。

S29.9	幕内	木村正信と木村朝之助が十両から幕内になり、式守善吉の上になる。結果的に、式守善吉は下がっている。
S30.5	十両	式守勘之助が式守清三の上になる。
S30.9	十両	式守清三が式守勘之助の上になる。
	序二	木村正昭（三段目最下位）が序二段（筆頭）に降格している。
S31.1	三段	木村正昭が序二段（筆頭）から三段目の最下位に昇格している。
	序ノ	式守正夫が木村要之助の上になる。
S31.3	序二	木村正昭（三段目最下位）が序二段（筆頭）に降格している。
	見習	木村弘が式守義明の上になる。
S31.5	幕内	木村利雄と木村玉治郎が十両から幕内になり、式守善吉の上になる。
	三段	木村正昭が序二段（筆頭）から式守武司、式守金吾、式守文夫とともに三段目に昇格している。
	序ノ	木村保之助、木村靖英、式守正夫、木村郁也が木村光彦の上になり、木村和隆、木村栄三、木村要之助が木村光彦の下になる。木村光彦は見習から序ノ口へ昇格した。
	見習	木村光彦（見習から序ノ口へ）が上になり、(弘改め) 弘行、式守義明、
	見習	(武改め) 木村武夫が下になる。
S31.9	序ノ	式守正夫が木村靖英の上になる。
	見習	木村清四郎が木村武夫の上になる。
S32.1	序ノ	木村靖英が式守正夫の上になる。
	序ノ	木村和隆が木村光彦の上になる。
	見習	木村武夫と式守勝治が木村清四郎の上になる。
S32.5	見習	式守義明が木村弘行の上になる。
S32.9	見習	木村弘行が式守義明の上になる。

S32.11	見習	式守義明が木村弘行の上になる。
	見習	木村忠男が見習として入門し、筆頭になる。その結果、式守義明以下が一枚ずつ下がる。
S33.1	三段	木村文夫が式守正昭の上になる。
S33.3	三段	木村正昭が（木村文夫改め）式守正一郎の上になる。
S33.5	見習	木村忠男が序ノ口最下位から見習に降格し、式守義明の下になる。
	見習	木村清四郎が式守勝治の上になる。
S33.7	序ノ	木村栄三が木村光彦の上になる。
	序ノ	式守義明と木村弘行が見習から序ノ口に昇格し、ともに昇格した木村忠男の上になる。
	序ノ	（入門した）木村真佐也と式守洋一が序ノ口になる。
	見習	式守勝治は木村武夫と木村清四郎の上になるが、結果的に、木村真佐也と式守洋一の下になる。
S33.9	見習	式守義明（序ノ口）が見習に降格し、筆頭になる。その結果、式守勝治以下が一枚ずつ下がった。
S33.11	見習	木村清四郎が式守勝治と木村武夫の上になる。
S34.1	序二	木村郁也が式守正夫の上になる。
	見習	式守洋一が序ノ口から見習（筆頭）に下がる。その結果、式守義明以下四名が一枚ずつ下がる。
S34.3	序ノ	式守洋一が見習から序ノ口最下位になる。
S34.5	序ノ	式守義明、式守勝治、木村武夫が序ノ口になる。
	見習	木村清四郎だけが見習となる。式守勝治と木村武夫が序ノ口になったので、結果的に木村清四郎は下がった。
S34.7	序ノ	木村忠男が木村弘行の上になる。
	序ノ	式守義明が式守洋一の上になる。
S34.9	序ノ	式守洋一が式守義明の上になる。
	序ノ	（入門した）木村玉治、式守健一郎、木村正勝が序ノ口になり、木村清四郎（見習）の上になる。結果として、木村

		清四郎は下がった。
S36.1	幕内	木村正直が木村幸之助の上になる。
S38.1	三段	木村真佐仁が木村浩士の上になる。
	序二	木村玉治が木村武夫の上になる。
	序ノ	木村清四郎が木村正勝の上になる。
	序ノ	木村順一が式守康英と木村功の上になる。
S39.1	三段	木村浩士が木村真佐仁の上になる。
	序ノ	木村柾勝、木村清四郎、木村功が序ノ口から序二段になり、結果的に木村順一が下がっている。
S49.1	三役	木村玉治郎が式守伊之助（23代）になり、木村正直（三役）と式守伊三郎（三役）は結果的に下がる。
	三役	式守錦太夫（幕内四枚目）が三役（三番手）になる。
	幕内	式守与太夫（二枚目）が木村筆之助（筆頭）の上になる。
	幕内	木村庄太郎（五枚目）が式守勘太夫（三枚目）の上になる。
	十両	式守錦之助（二枚目）が木村源之助（筆頭）を抜いて幕内になる。結果的に、木村源之助は筆頭のままだが下がったことになる。
	幕下	木村孔一が木村忠男の上になる。
	幕下	式守勝治が式守洋一の上になる。
S50.3	十両	筆頭の木村源之助が四枚目に下がり、木村善之助、式守慎之助、式守与之吉が順に上になった。
	十両	木村咸喬は木村正三郎の上になる。木村林之助は木村源之助と木村咸喬の間である。
	幕下	木村友一は木村光彦の上になる。
	幕下	式守勝治は木村孔一の上になる。
	幕下	木村順一は式守洋一の上になる。
S51.3	十両	木村正三郎は木村咸喬の上になる。
	幕下	木村光彦は木村友一の上になる。
S52.11	序ノ	式守春之は式守琴之助の上になる。式守春之はこの場所の

番付が最後である。

S57.1	幕内	木村庄太郎が木村筆之助の上になる。
S58.1	幕内	木村筆之助（二枚目）が幕内の最下位になる（病気のため）。結果的に、三枚目以下の行司が一枚ずつ上になる。
S59.1	別格	木村筆之助（幕内格）が別格扱いで序ノ口の左側に記載される。昭和58年5月の番付までこの別格扱い。細い字で行司名だけ記載され、階級は記載されていない。5月の番付発表後に死亡。
S60.1	幕内	木村庄二郎（二枚目）が三役（三番手）になり、式守勘太夫（筆頭）は結果的に一枚下がる。
H3.1	三役	木村庄二郎（二番手）が木村庄太郎（筆頭）を飛び越えて式守伊之助（26代）になる。木村庄太郎は筆頭のままだが、結果的に一枚下がっている。
H24.11	三役	木村庄三郎（二番手）が木村玉光（筆頭）を飛び越えて式守伊之助（39代）になる。木村玉光は筆頭のままだが、結果的に一枚下がっている。
H25.11	三役	式守錦太夫（二番手）が木村玉光（筆頭）を飛び越えて式守伊之助（40代）になる。木村玉光は筆頭のままだが、結果的に一枚下がっている。式守錦太夫の上にいた木村正直（二番手）は平成25年1月29日に病気のため亡くなった。

第6章　行司と賞罰規定

1. 本章の目的

本章の目的は、次の4つである。

(1) 昭和30年（1955）以降の相撲規定では、行司の賞罰はどのようになっているか。
(2) 行司の賞罰による「入れ替え」の事例をいくつか示すこと。
(3) 審判規則「行司」の規定をそのまま提示すること。
(4) 昭和18年（1943）の「特別昇進」を紹介すること。

　昭和30年5月の規定から始めるのは、昇降の基準として4個の黒星数を明記してあるからである。本章では、基本的に、次の賞罰規定を見ていく。主な参考出典も記す。

(1) 昭和30年5月8日の規定（『近世日本相撲史（第四巻）』）
(2) 昭和35年1月11日の規定（『近世日本相撲史（第五巻）』）
(3) 昭和46年12月26日の規定（当時のスポーツ新聞／山田著『華麗なる脇役』）
(4) 昭和59年11月の規定（『新・古今大相撲事典』／『国技相撲のすべて』）

　規約は途中で改変されることもあり、改変されたものは古い規約の中に

「改正」として組み込まれる。したがって、相撲協会の寄附行為はいつ改正されたかにも注意しなければならない。

2.「番付編成要領」(昭和30年〈1955〉5月8日施行)
(昭和34年(1959)12月12日改正までを含む「寄附行為」規定)

> 第8条 行司は、一本場所中に4つの黒星をとれば一枚降下するが、次場所において黒星をとらなかった場合は、番付編成会議の議決を得て旧に復することができる。
>
> 『近世日本相撲史(第四巻)』(p.27)

この規定は、立行司を除き、どの階級にも適用されたので、裁く番数が多い下位の行司には不利だった[1]。しかし、幕内や十両でもわずかながら、この規定による「入れ替え」が見られる[2]。

(1) 幕内行司
昭和31年3月場所
(幕内)…、式守善吉、(十両)木村利夫、木村玉治郎、木村筆之助、…。
昭和31年5月場所
(幕内)…、木村利夫、木村玉治郎、式守善吉、(十両)木村筆之助、…。

(2) 十両行司
昭和30年5月場所
(十両)…、式守勘之助、式守清三郎、…。

---

1) 昭和33年以降は、現在と同じように、年6場所になっている。
2) 入れ替えが本当に黒星数に基づくのかどうかは必ずしも確かでない。この規定が適用された頃は年功序列が基本なので、黒星数によるものと判断した。真偽は文献を調べると明らかになるかもしれない。

昭和30年9月場所
（十両）…、式守清三郎、式守勘之助、…。

(3) 三段目行司
昭和32年11月場所
（三段目）木村正昭、式守文夫
昭和33年1月場所
（三段目）式守文夫、木村正昭
昭和33年3月場所
（三段目）木村正昭、（文夫改め）式守正一郎

序二段、序ノ口、見習ではもっと多くの入れ替えがある[3]。裁く番数が多いし、勝負を見極める勘が未熟だからである。

3.「行司賞罰規定」（昭和35年〈1960〉1月11日施行）

第一条　三役以上の行司に対しては、賞罰のための勝負誤判数の限定をせず、各自の責任と自覚にまつこととする。

第二条　幕内以下の行司に対しては、次の通り勝負誤判数を限定し、該当行司に対し理事会の決議により減俸、番付順位一枚降下、又は引退勧告を行う。但し、序二段以下の行司養成員については、直接上記罰則を適用せず、番付順位の昇降の資格審査の資料とする。

幕内行司	勝負誤判数年間通算	9以上の者
十枚目行司	〃	9以上の者
幕下行司	〃	12以上の者
三段目行司	〃	12以上の者

---

3) 昭和31年3月場所に「見習」制度が導入され、35年1月場所まで続いている。

　　　　　序二段以下行司　　　限定しない
第三条　行司が一場所全休した場合は、勝負誤判数2として加算する。
第四条　従来勝負誤判数の限定により、番付順位を降下された場合、次場所勝負誤判がなかったときは降下前の地位に復元できたが、昭和35年1月場所よりこれを認めない。
　　　　行司賞罰規定（昭和38年1月19日改正）
第四条　従来勝負誤判数の限定により、番付順位を降下された場合、翌年勝負誤判数が限定数に達しなかったときは、降下前の地位に復元できる。
第五条　幕下以下の行司養成員については、番付順位の昇降に勝負誤判数と日常の勤惰を参酌する。行司界にその実査を答申さすこともできる。
第六条　行司にて特に成績優秀と認めた場合は、理事会の詮衡により、番付順位を特進させることがある。
　　　　　　　　　　　　　　　『近世日本相撲史（第五巻）』（pp.24-30）

この規定による「入れ替え」はわずかながら見られるが、誤判数だけで降下されたかどうかははっきりしない。

(1) 昭和36年1月場所
　　　幕内の木村正信（二枚目）が筆頭に上がり、木村幸之助（筆頭）が二枚目に下がった。

(2) 昭和38年1月場所
　　(a) 三段目の木村真佐仁（四枚目）が二枚目に上がり、木村浩二（三枚目）が四枚目に下がった。
　　(b) 序二段の木村玉治（五枚目）が木村武夫（四枚目）の上になり、結果的に、木村玉治が三枚目、木村武夫が四枚目に据え置かれている。この場所、筆頭だった式守洋一が三段目（最下位）に昇格している。

第6章　行司と賞罰規定

- (c) 序ノ口の木村清四郎（三枚目）が筆頭になった。筆頭だった式守健一郎は序二段に昇格している。木村勝治（二枚目）はそのまま二枚目だが、結果的に、一枚下がったことになる。
- (d) 序二段の木村順一（六枚目）が三枚目に上がっている。その結果、木村康英（四枚目）、木村功（五枚目）の地位は下がっている。式守健一郎、式守清四郎、木村順一が上になったからである。

(3) 昭和39年1月場所
- (a) 三段目の木村浩士（四枚目）が木村真佐仁（三枚目）の上になっている。この場所、木村要之助（筆頭）が幕下（最下位）に昇格している。
- (b) 序ノ口の木村清四郎（筆頭）、木村征勝（二枚目）、木村功（四枚目）が一挙に序二段に昇格している。昇格の際、木村征勝（三枚目）が木村清四郎（四枚目）の上になっている。木村順一（三枚目）は序ノ口の筆頭になっているが、地位は下がったことになる。木村功（四枚目）に抜かれているからである。

昭和39年3月場所から昭和48年11月場所までは「入れ替え」がない[4]。これだけの期間にまったく「入れ替え」がないのは、規定が適用される時点で行司を辞めていったのかもしれない。うがった見方をすれば、規定そのものが行司に有利になっていたからである。その後の賞罰規定の進展を見れば、規定そのものが行司に有利だったと受け止められている。

---

[4] 丹念に調べれば、入れ替えの事例が見つかるかもしれない。しかし、見つかったとしても、ほんのわずかであろう。

4.「行司賞罰規定」(昭和46年〈1971〉12月26日改正)[5]

第一条　行司に対する賞罰は、番付編成要領第十三条の行司の成績評価基準により、信賞必罰を以て厳正に行うものとする。

第二条　番付編成要領第十四条の行司の成績評価を行うものは成績評価基準に照らし、著しく成績良好なもの或いは不良のものがありたる時は、その旨を理事長に報告しなければならない。

第三条　理事長は、前条の報告により必要とあると認めたときは、理事会に提案するものとする。

第四条　賞罰は、理事会の決議により行うものとする。

第五条　(第4条)「著しく成績良好なものは抜擢により番付順位を特進させることができる。

　　　　これは昭和46年12月に改正されたものである。

第六条　(第5条)懲罰は、けん責、減俸、出場停止、番付順位降下、引退勧告、除名とする。

第七条　(第6条)立行司は、成績評価の対象より除外し、事故の責任と自覚にまつことにする。但し、式守伊之助の名称を襲名したものは、襲名時より二年間は他の行司と同一に扱うものとする。

第八条　(第7条)立行司にして事故の責任と自覚がないと認められたときは、理事会の決議により引退を勧告し、または除名するものとする。

---

5)　行司改革案は昭和46年(1971)12月に新聞で公表されているが、それを巡って行司のストライキまで発展している。協会側と行司側が交渉し、妥結したのは昭和47年1月である。したがって、改革案が実際に効力を発揮し始めたのは昭和47年1月ということになる。協会側の原案が昭和46年12月に公表されたことから、この時点を改正案の「始まり」とすることもある。改正案が実際に適用され、大幅な人事が行われたのは昭和49年1月場所である。

5. 抜擢制の昇進（昭和47年〈1972〉1月）

　この規定は昭和35年11月の第4条を改めたもので、「抜擢制度」の導入として知られている。

　第4条（昭和46年12月に協会が公表したもの）
　　著しく成績良好なものは抜擢により番付順位を特進させることができる。

　この賞罰制度には、新しい資格審査の基準が適用されている。審査基準の内容は昭和46年12月に武蔵川理事長が提案した行司制度改革案の中に一項目として含まれている[6]。

(1) 行司の昇進は年功序列によらず、信賞必罰による抜擢制度を採用する。
　　審査は審判部長、巡業部長、および監事が考課表をつけ、理事会にて昇降を決定する。抜擢の基準は
　　(a) 土俵上の勝負判定の明確度
　　(b) 土俵上の姿勢と態度
　　(c) 土俵上の掛け声の声量
　　(d) 下位行司の指導力
　　(e) 内的事務力

　この改革案を巡って行司会の反発があり、ストライキとなった。その収拾のために協会と行司会が話し合いを持ち、ストは2日で回避されたが、行司会はこの賞罰規定の趣旨に同意した。その結果、協会側の提案に修正が加え

---

[6] この改革案は当時の新聞等でも掲載されているが、山田著『華麗なる脇役』（文芸社、H23）の第11章「行司全員の辞表提出」でも見られる。

られ、その後、規定となった。この規定は現在でも生きている

(昭和48年11月の番付〈十両以上〉)
　（立行司）木村庄之助（26代）、（三役）木村正直、式守伊三郎、木村玉治郎、（幕内）木村筆之助、式守与太夫、式守勘太夫、式守錦太夫、木村庄太郎、木村庄二郎、木村玉光、（十両）木村源之助、木村錦之助、木村善之輔、…。

(昭和49年1月の番付〈十両以上〉)
　（立行司）木村庄之助（26代）、（木村玉治郎改め）式守伊之助（23代）、（三役）木村正直、式守伊三郎、式守錦太夫、（幕内）式守与太夫、木村筆之助、木村庄太郎、式守勘太夫、木村庄二郎、木村玉光、木村錦之助、（十両）木村源之助、木村善之輔、…。

(a) 木村玉治郎（三役三番手）が23代式守伊之助になった。木村正直（三役筆頭）と式守伊三郎（三役二番手）の二人を飛び越えた。
(b) 式守錦太夫（幕内四枚目）が木村筆之助（筆頭）、式守与太夫（二枚目）、式守勘太夫（三枚目）の三人を飛び越えた。
(c) 木村筆之助（筆頭）と式守与太夫（二枚目）が入れ替わった。すなわち、式守与太夫が筆頭に昇進し、木村筆之助が二枚目に降下した。
(d) 式守庄太郎（幕内五枚目）が三枚目に昇進し、式守勘太夫（三枚目）が五枚目に降下した。
(e) 式守錦之助（十両二枚目）が木村源之助（十両筆頭）と飛び越えて幕内格に昇進した。木村源之助は筆頭のままだが、結果的に一枚降下している。

昭和49年1月場所の番付では、幕下行司の中でも入れ替えがあった。

(昭和48年11月〈幕下以下〉)

（幕下）木村光彦、木村賢嘉、木村忠男、木村孔一、式守洋一、式守勝治、木村順一、（三段目）式守敏廣、…。

（昭和49年1月の番付〈幕下以下〉）
　（幕下）木村光彦、（賢嘉改め）木村友一、木村孔一、木村忠男、式守勝治、式守洋一、木村順一、式守敏廣、（三段目）木村信孝、…。

　昭和49年（1974）1月以降、大きな人事変動はない。しかし、昭和50年3月場所と昭和51年3月場所では、十両行司と幕下行司の中で小幅な昇降人事が行われている[7]。

（昭和50年1月の番付）
　（十両）木村源之助、木村善之輔、式守慎之助、式守與之吉、木村林之助、木村正三郎、木村咸喬、（幕下）木村光彦、木村友一、木村孔一、木村忠男、式守勝治、式守洋一、木村順一、式守敏廣

（昭和50年3月の番付）
　（十両）木村善之輔、式守慎之助、式守與之吉、木村源之助、木村林之助、木村咸喬、木村正三郎、（幕下）木村友一、木村光彦、木村忠男、式守勝治、木村孔一、木村順一、式守洋一、式守敏廣

　昭和51年3月場所では、十両下位の2人と幕下上位の2人の間で入れ替えが行われている。

7）この抜擢制度では人事の結果はわかるが、その審査過程はわからない。それは公表すべきものではないからである。どのような基準が適用されたかを「噂」として聞くことはあっても、それは「噂」にしかすぎない。総合的なことを考慮し、番付の位置が決まったのである。そういう意味で、抜擢制度が導入されてからは、なぜそのような人事になったかはわからない。人事をめぐる選考過程は秘密中の秘密である。たとえ秘密の一端が外部に漏れたとしても、それは秘密であることに変わりはない。

(昭和51年1月場所の番付)

　(十両)…、木村咸喬、木村正三郎、(幕下)木村友一、木村光彦、…。

(昭和51年3月場所の番付)

　(十両)…、木村正三郎、木村咸喬、(幕下)木村光彦、木村友一、…。

　木村正三郎と木村咸喬はこの「入れ替え」で、結果的に昭和50年1月場所の位置に戻ったことになる。いずれにしても、昭和49年1月場所から昭和51年3月場所の間で、なぜ抜擢制度が三度も適用されたのだろうか。これまでの年功序列制を改めるのだから、それにはそうしなければならない状況があったはずだ。本章では、昭和46年12月から47年1月までの行司と協会の闘争については触れないが、行司改革を巡っては「行司のストライキ」という闘争があったことを指摘しておきたい。協会と行司会の団体交渉の結果、ストライキはわずか2日で収拾されたが、その改革案の中に含まれていた「抜擢制度」には行司側も同意している[8]。

6.「行司番付編成」(昭和59年〈1984〉11月)

　　第十三条　行司の階級順位の昇降は、年功序列によることなく、次の成績評価
　　　　　　　基準に基づき、理事会の詮衡により決定する。

---

[8] 行司改革をめぐる闘争の経過や結果についてはここでは触れないが、関心のある人は当時のスポーツ新聞、29代木村庄之助著『一以貫之』(H14)、山田著『土俵の周辺』(H23)等を読むとよい。私見では、行司側はもっと自分たちの権威を高める主張をし、その権利を確保する手段をもっと講ずるべきだった。昭和30年代前半までに行司の権威や権利は徐々にはく奪され、無一文になった印象がある。行司側はそれを取り戻す絶好のチャンスを生かしきれなかった。たとえば、行司の賞罰に行司側が何も主張できない制度にしてしまったのは、当時、行司側の粘りがなかったからだと言っても言い過ぎではない。

第6章　行司と賞罰規定

    1．土俵上の勝負判定の良否
    2．土俵上の姿勢態度の良否
    3．土俵上のかけ声、声量の良否
    4．指導力の有無
    5．日常の勤務、操行の状況
    6．その他行司実務の優劣

第十四条 成績評価は、毎本場所および毎巡業ごとに審判部長、および副部長、巡業部長、指導普及部長、監事が行い、考課表を作成する。
    考課表の作成は、成績評価基準ごとに加点、減点の方法にて行うものとする。

第十五条 審判部長および副部長、巡業部長、監事は作成した考課表を理事会に提出しなければならない。

第十六条 行司の階級の昇降は、年一回とし、提出された考課表により、9月場所後の理事会にて詮衡し、翌年度の番付編成を行う。

第十七条 十枚目以上の行司の番付員数を、次の通り規制する[9]。
    十枚目以上の行司   22名以内

第十八条 番付編成後行司の退職があり、理事長が必要と認めたときは、詮衡理事会を開き、番付編成を行うことができる。

              『国技相撲のすべて』（pp.152-66）

---

[9]　十枚目以上の行司は定員22名以内と決まっているが、たとえば、平成27年1月場所のように、ときどきそれを1,2名超えている場合がる。それは行司の番付を年に一度、原則として9月場所後に決めるためである。来年9月までに引退する行司が1,2名いたら、その数に相当する見越し人事を進めることになる。これは行司部屋で聞いた話である。引退する行司がいないのに、定員22名を超える行司がいるとしたら、何か特別の理由があるはずだ。そのような場所の事例があるかどうかは確認していない。

7. 昭和51年（1976）5月以降の入れ替え

　抜擢制度による行司の人事は昭和49年1月場所の大幅に、50年3月場所と51年3月場所に小幅に、それぞれ行われているが、常に毎年、あるいは定期的に行われてきたわけではない。行司の賞罰規定としては「抜擢制」がずっと生きているが、実際に抜擢制度が適用されるのはごくまれである。基本的には年功序列が維持されていると言ってよい。
　行司の人事は理事会で決めるので、理事側から見て何も問題がなければ年功序列の人事が進められるが、そうでないときにはときおり抜擢制度が適用されている。それは時代の雰囲気を反映している場合が多い。世間の風当たりが協会に不利になっているときや人事の対象となっている行司側に不利な状況があるときも、行司人事に影響し、人事を遅らせることがあるし、一定期間、行司間の査定をし、下位の行司を抜擢することもある。これまでの事例を見ると、特に立行司人事の場合、それが顕著である。
　昭和53年5月以降に入れ替えが行われた事例の中から主なものをいくつか示そう。

（1）昭和57年1月場所
　　　木村筆之助（幕内筆頭）と木村庄太郎（幕内二枚目）と入れ替わっている。これは木村筆之助が病気のため、裁きに精彩がなかったことによる。誰もが納得のいく入れ替えだったと言ってよい。これは原因がはっきりしているので、「抜擢」人事ではない。

（2）昭和58年1月場所
　　　木村筆之助（幕内二枚目）が病気のため幕下最下位に番付された。その結果、幕内筆頭はそのままだったが、三枚目以下は一枚ずつ上がった。協会も行司会も木村筆之助の病状が悪化していたことを認識して

第6章　行司と賞罰規定

いたに違いない。筆之助は昭和59年1月場所では別格扱いになり、序ノ口の次に記載されている。地位を示す名称はない。筆之助が番付に記載されているのは昭和59年5月場所である。死去したのは、番付発表後の4月26日である。

(3) 昭和59年3月場所

式守錦太夫（三役二番手）が式守伊三郎（筆頭）を抜いて25代式守伊之助になった。24代式守伊之助は1月場所で定年引退している。年功序列であれば、式守伊三郎が25代式守伊之助になっていたはずである。式守錦太夫の昇格は「抜擢」人事である[10]。

(4) 昭和60年1月場所

木村庄二郎（幕内三枚目）が式守勘太夫（幕内筆頭）を抜いて三役（三枚目）に昇格した。勘太夫は筆頭のままだが、結果的に一枚降下したことになる[11]。

(5) 平成3年1月場所

木村庄二郎（三役二番手）が木村庄太郎（筆頭）を抜いて26代式守伊之助に昇格している。庄二郎と庄太郎は庄二郎が庄太郎よりわずかながら年上である。同じ春日野部屋所属で、仲もよい。そのため、この

---

10) 据え置かれた式守伊三郎には理事側が何か懸念を抱いていたかもしれない。要は、式守伊三郎が据え置かれたことに納得したかどうかである。式守伊三郎は昭和62年11月場所まで番付に載っているので、体調を崩していたかもしれない。

11) 式守勘太夫は、木村筆之助とともに、雑誌などの文献によると、行司としての力量が劣っていたようである。たとえば、『大相撲』(S47.2)の「庄之助はなぜやめた！」(pp.78-9)や『大相撲』(S47.5)の「その後の四庄之助」(pp.57-61)でも2人が名指しされている。理事側は「三役」に昇格させない人事をしているが、勘太夫自身がそれをどう受け止めたかはわからない。病弱でなかったならば、勘太夫にも言い分があったかもしれない。しかし、行司を続ける限り、理事会の決定は受け入れざるをえない。

人事は「抜擢」というより庄太郎が庄二郎に地位を譲ったのではないかと噂されている。その真偽のほどは、もちろん、わからない。人事は理事会の専権事項であり、特定の地位を譲ったり譲られたりするものではない。相撲界という限定された世界であれば、仲間のことは大なり小なり何となく知っているものである。理事側と行司側はある意味で「仲良しグループ」なので、伊之助の席を巡って、何らかの情報のやり取りがあったかもしれない。それを確かめる手立てはないが、ありえない話でもなさそうである[12]。庄二郎と庄太郎は優劣をつけがたいほど、優れた行司だったというのが当時の評判である。いずれにしても、これは「抜擢人事」としてみなさなければならない。

(6) 平成6年5月場所
式守錦太夫（三役二番手）が木村善之輔（筆頭）を抜いて28代式守伊之助に昇格した。平成5年11月場所で、28代木村庄之助が定年退職したため、平成6年1月場所には立行司が2人ともいない状態になった。協会はその1月場所から3月場所まで、立行司木村庄之助と式守伊之助を立てなかったため、立行司が2人とも不在になった。協会は三役行司3人の中から式守伊之助を選考する決定を下し、2場所の間、3人を競争させたのである。これは前代未聞の出来事である。
3名ともその2場所の間、針の筵に座らされた心境だったに違いない[13]。何をすればよいのか、はっきり示されていなかったからである。ただ3人の行司ぶりを査定するが、何をどうすればお眼鏡にかなうか、行司は戸惑っていたからである。実際、29代式守伊之助（28代

---

12) その話の裏づけがあるかもしれないと思い、26代式守伊之助の自伝『情けの街のふれ太鼓』（二見書房、H5）を調べてみたが、残念ながら裏づけは取れなかった。
13) この立行司争いをした3名の1人、29代木村庄之助は当時の心境を自伝『一以貫之』（H14）の「複雑だった立行司昇格」（pp.148-52）の中で述べている。同僚同士の争いであることを考えれば、協会側も酷な競争をしいたものである。理事会で秘密裏に選考会を開いてもよかったのではないか。抜擢制度は生きていたからである。

式守伊之助）は雑誌『大相撲』（H9.5）の「新山善一のぶちかまし問答
—第16回〈29代木村庄之助〉」で次のように語っている。

> 「力士の場合は勝ち負けがすべてですが、行司の場合はどんな点が評価されるのか分からないので、とにかく毎日の土俵にも気合いが入りました。」（p.84）

この3人の審査を終え、理事会は二番手の式守錦太夫を28代式守伊之助に昇格させた。これは序列に従っていないので、抜擢人事だったと言ってよい。しかし、公然と2場所も競争した結果であるから、式守錦太夫が式守伊之助の地位を勝ち取ったと言ってもよい。要するに、3人の行司は最初から同じ出発地点に立っていたのか、あるいは理事側が木村善之輔（筆頭）に何らかの懸念を抱いていたのかだろう。何も懸念がなかったならば、わざわざ3人の行司を競争させる必要はないからである[14]。

(7) 平成24年11月
　　木村庄三郎（三役二番手）が木村玉光（筆頭）を抜いて39代式守伊之助に昇格した。これは、一見、抜擢人事だが、木村玉光が病気のため、辞退しているので「譲った」と言ってよい[15]。

---

14) 木村善之輔は将来木村庄之助に昇格する夢がなくなってから、体調を崩し失態を演じることが多くなった。もしかすると、三役の頃から、体調に不安があり、それを理事側が懸念していたかもしれない。もう少し詳しく調べると、体調や失態のことはわかるかもしれない。ゴール寸前になって、自分ではどうすることもできない審査をされるのは酷である。しかも、戻ろうにも戻れない年になっている。立行司の人事を決めるのに、「若すぎる」とか「技量が足りない」などといろいろな理由が報道されるが、約40年もやってきた行司に対して非常に失礼な話である。立行司の資格がなければ、三役になる前に行司本人を呼び出し、立行司は無理だと告げるのがいいのではないか。立行司を夢見て頑張ってきたのに、寸前で夢を断ち切るような選考は再検討する必要がある。

(8) 平成25年11月

　この場所、39代式守伊之助（庄三郎）は37代木村庄之助に昇格し、同時に式守錦太夫（三役二番手）が木村玉光（筆頭）を抜いて40代式守伊之助に昇格した。これは平成24年11月の木村庄三郎の場合とまったく同じである。木村玉光は筆頭のまま平成27年1月まで番付に載っているが、その間、ずっと務めていたわけではない。休場することもあった。体調が回復するかもしれないという期待もあったし[16]、定年も近づいていたので、番付では三役筆頭のままになっていた。

8. 昭和18年（1943）の特進規定

　ここまで、昭和30年以降の賞罰規定を見てきた。抜擢人事は昭和46年12月に始まったとしているが、実は、これは必ずしも正しいとは言いきれない。というのは、昭和18年の夏場所中に「抜擢」に匹敵する昇進制度が決定しているからである。これについて簡単に触れておきたい。

　『近世日本相撲史（第二巻）』に「行司昇進制度改正」の小見出しがあり、次のような記述がある。

---

15) 玉光本人が理事会の発表後に辞退を申し込んだのではなく、打診があった時、辞退したというのが真相のようだ。病気のため、土俵祭りで座ることができないのが大きな理由だったらしい。聞くところによると、脳梗塞を患い、膝だけでなく運動神経に問題があったらしい。

16) 木村玉光は本場所を休場しても地方巡業に出場することもあり、体調と相談しながら行司としての業務を果たしていた。本人もあきらめの気持ちもありながら、体調の回復を願っていたのかもしれない。また、同僚の話などを聞いても、何とか定年までは行司の仕事をやり遂げられそうだということだった。もしもう少し体調がよくなっていれば、定年間近になって式守伊之助になり、1場所や2場所は務めていたかもしれない。真面目な行司だっただけに、式守伊之助になれなかったことに同僚たちも同情していた。

第6章　行司と賞罰規定

「　協会は（昭和18年）夏場所中に役員会を開いて行司の昇進制度について協議した結果、次のように改善することが決定した。
行司は従来、年功順次昇進制度を採用してきたが、これからは技量、品位の優秀なる者を特別昇進させて、その格に適応しない者は格下げすることにした。」(p.22)

　昭和19年1月番付を見ると、十両の式守伊三郎（四枚目）が7人を飛び越え、幕内二枚目に昇格している。その結果、その7人は一枚ずつ地位が下がることになる。これから判断すれば、昭和18年夏場所中に決定した「昇進制度」は特定の行司を念頭に置いていたとみるのが自然である。なぜならその後、誰一人として特別昇進した事例がないからである。これを参考までに番付で示す。

　（昭和18年5月場所番付）
　　（幕内）木村友治郎、式守錦之助、木村善太郎、式守勘太夫、木村玉光、（十両）式守善吉、式守与之吉、式守錦太夫、式守伊三郎、木村滝夫、…。

　（昭和19年1月場所番付）
　　（幕内）木村友治郎、式守伊三郎、式守錦之助、木村善太郎、式守勘太夫、木村玉光、（十両）式守善吉、式守与之吉、式守錦太夫、木村滝夫、…。

　式守伊三郎が十両（四枚目）から幕内（二枚目）に特進したことについて、木村林之助（当時、十両四枚目）は『大相撲』(S33.2) の「座談会―勝負のかげに」(pp.82-7) で次のように語っている[17]。

---

17)　昭和33年（1958）2月当時、式守鬼一郎は三役（四番手）、木村林之助は十両（四枚目）で行司監督だった。木村林之助はのちの28代木村庄之助である。

「志村　戦争で、(式守)鬼一郎さんの二階級特進があったね[18]。

林之助　あれは、大体、鬼一郎さんという人は今の位置が本当なんですが、一時脱退したでしょう。それでまた帰って来たんですが、戦争中軍人会のほうで相当功績があったんで、それを認められて元の地位に戻してもらったんですね。最近は特進は全然ないです。抜てきという制度はあるんですが、これもめったにないんじゃないですか。抜てきというのは、おすもうさんの場合は勝負で成績がわかるが、行司の場合はどういうところで成績を認めるか、結局年功ですね。」(p.84)

式守伊三郎（のちの24代木村庄之助）は昭和7年1月の春秋園事件の際、東京相撲を脱退し、関西相撲に加わっている。昭和13年1月に東京相撲に復帰したが、番付ではしばらく冷遇されていた[19]。しかし、時の経過とともに、年齢や技量などを考慮し、そろそろ昇格させることになったが、当時、特進させる規定がなかった。そのため、新しい規定を設けたのである。規定を設けて特進させた点は、協会や行司会も律儀である。もしかすると、協会としてはこの人事をきっかけとし、行司の人事を刷新する意図があったかもしれない。しかし、その後、この昇進制度を適用した形跡がまったくない。元の年功序列に戻っているのである。

この規定がいつ廃止されたか、また改められたか、その辺が定かでない。昭和30年5月の「賞罰規定」では黒星4個についての規定があるが、抜擢や特進についての規定はない。木村林之助（のちの22代木村庄之助）が雑誌対談で昭和33年2月にも抜擢制度はあったと語っていることから、当時でもこ

---

18)　志村（正順）はNHKアナウンサーである。
19)　昭和13年1月に復帰したときは、十両から幕下に格下げになり、幕下四枚目につけ出されている。翌14年1月に再十両に昇格している〔『大相撲』(S39.7)の「行司生活55年—24代木村庄之助」(p.48)〕。24代木村庄之助はこの雑誌記事で昭和19年1月場所に幕内二枚目に昇進したことや戦争中、軍人会で多大な協力をしたことなどについては語っているが、なぜ幕内二枚目に特別昇進したかについては何も語っていない。

の昇進制度は何らかの形でまだ生きていたのかもしれない。規定にないものが文書の形で残されていた場合、その後もそのままの形で生きているのか、改変された状態で生きているのか、また効力をいつ失ったのか、判断することが難しい。これもその一つである。

9. 結び

　本章では、昭和30年（1955）5月以降の賞罰規定と「入れ替え」の事例をいくつか見てきた。黒星数による「入れ替え」もあれば、抜擢による「入れ替え」もあった。「入れ替え」による事例も示したが、入れ替えが毎場所行われたわけではない。むしろ、実際は、「入れ替え」のない本場所のほうがずっと多いのである。抜擢人事が行われなかった本場所を除けば、行司の出世は基本的に年功序列である。

　抜擢人事が頻繁に行われていないことを見ると、そのことによる弊害が多いからであろう。全員が協力して業務をこなす世界で、「入れ替え」が行われれば、疑心暗鬼が自然に生まれる。それは円滑に仕事を進めるのに障害となる。さらに、入れ替えに際し、誰もが納得のいく適用基準がないことも問題である。規定ではどういう点を査定するか明記されているが、客観的な判定基準が何も示されていない。考課表を作成する委員の恣意的判断が入らないように査定基準を作成する必要がある。

　現在のところ、行司は何をどのように査定されているか、またどのように対処すればよいか、知らされていないようだ。たとえば、一定期間、行司を査定することがあるが、査定されている行司はどこをどのようにすればよいかと戸惑っている。定年間近になるまで黙って仕事を続けさせておいて、その仕事ぶりが不十分だと言われ、それを心から納得する行司がいるだろうか。年を取っておれば、仕事を変えるわけにもいかない。もし行司として不十分であれば、若い段階で早めに教育し、ふさわしい行司にすればよい。それをしないで、立行司になる手前で「しばらく様子を見る」というのは腑に

落ちない。

　理事側から見て納得のいかない行司がいたら、早い段階でその行司に何が不足しているかを伝える手段を講ずるべきである。行司が理事側の指摘に納得すれば、行司を続けながら修正するだろうし、納得しなければ辞めていくだろう。立行司を間近に控えている行司の技量が急によくなることはない。それまでの長年、その技量で務めを果たしてきたのである。それを理事側も認めてきたはずである。不足点や問題があるならば、早めに行司本人に修正するように伝えるべきだ。行司が修正に応じなかったなら、落第点をつけられても仕方ないことである。

第6章　行司と賞罰規定

【資料】「審判規則」の「行司」

(昭和35年 (1960) 5月8日施行、昭和58年 (1983) 7月改正)

　行司の装束、房色など、行司の業務について明記した規定を参考のために示す。これは「寄附行為」からそのまま引用したものである。気になる条項には、参考までに簡単な〈注〉をつけてある。

第一条
　　行司が審判に際しては、規定の装束（直垂、烏帽子）を着用し、軍配を使用する[20]。
第二条
　　行司は、両力士が土俵に上ってから競技を終えて土俵を下りるまで、その進退に関して一切の主導的立場にある[21]。即ち、競技の進行及び勝負の判定を決するものである。
第三条
　　相撲勝負の判定を公示するため、行司は勝力士出場の東又は西に軍配を明白に差し上げることによって、勝負の決定を示し、両力士立礼の後、勝力士に勝名乗りを与えて競技の終了を示す。
第四条
　　行司は、勝負の判定にあたっては、如何なる場合においても、東西いずれかに軍配を上げねばならない[22]。
第五条

---

20) 草履や印籠や軍配の形については何も明記されていない。三役の草履については規定ではなく、文書の形で残っている（『近世日本相撲史（第五巻）』(pp.3-4)。印籠については慣習的なもので、内規にも明記されていない。内規は何らかの形で文書化されたものを指す。
21) 取組む力士名を呼び上げることに関し特別に規定では明記されていないが、呼び上げるときに一つの慣習がある。行司の式守姓は掌を上にし、木村家は手の甲を上にする。この慣習に従わない行司もいくらかいる。慣習に従わなくても、罰を受けない。

行司は、勝負の判定を決すると同時に、その競技を円滑に進行させ、両力士を公平に立ち上らせるために指導し、助言する。力士の仕切に際しては「構えて、まだまだ」等の掛け声をなす。

第六条

両力士の掌が、白線より出ないように注意を与える。

第七条

両力士が立上ってからは、「残った。ハッキョイ。」の掛け声をなす[23]。（「残った」は、技をかけている場合であり、「ハッキョイ」——発気揚々を意味し、両力士が動かない場合に用いる。）

第八条

立ち合いに際しては、両力士を公平に立たせるのが原則であるから、卑怯な立ち合いをした時には、行司は「待った」をさせて、再度仕切らせることができる。

第九条

制限時間が審判委員より知らされた時は、明瞭に両力士に伝えて立合わす。

第十条

制限時間となって一方の力士が、両掌を下していても、相手が立つ体勢でなく、掌を下さずに立った場合、行司はこれを待ったさせることができる。

第十一条

競技進行中に力士に負傷を認めた時は、行司が両力士の動きを止め、負傷の程度に依り、審判委員と協議の上、競技の続行中止を発表する。

第十二条

競技が長引いて両力士の疲労を認めた場合は、審判委員の同意を得て、

---

22) 勝負の判定が難しい時、天井に向けて軍配を上げることは許されていない。明治以降、軍配を上にあげた行司はいない。

23) 行司はこれ以外にも掛け声を発する。それについては拙著『大相撲行司の世界』の「行司の触れごとと掛け声」(pp.145-70) や『相撲大事典』(p.85) などで詳しい例がある。

第6章　行司と賞罰規定

　　水を入れることができる[24]。
第十三条
　　水入後組み直した時は、力士、審判委員に異議なきをたしかめてから、「いいか、いいか」と声をかけて開始する。
第十四条
　　水入後、なお勝負がつかない時は、審判委員の指示により、競技を中止させることができる。
第十五条
　　競技中に、力士の締込が胸まで伸びて、止めやすい状態の場合は、行司は動きを止めて、締め直させることができる。
第十六条
　　行司は勝負決定の軍配を東西いずれに上げても、審判委員又は控え力士からその判定に異議を申出されると、拒否することができない[25]。
第十七条
　　異議申立の物言後の判定は、審判委員に一任する[26]。
第十八条
　　行司は一ヵ所に止まらず、審判委員や観客の邪魔にならぬように動かねばならない[27]。
第十九条
　　行司は、審判の他に、土俵祭の祭主となり、土俵入にもその誘導の役を

---

[24] 行司は必ず審判委員の同意をえなければならない。行司だけの判断で水入りさせてはいけない。
[25] 異議申し立ては控え力士からもできる。少し前は貴ノ浪、最近では白鵬が異議申し立てをしている。
[26] 行司は勝負の判定について意見を述べることはできるが、判定には加われない。判定を巡って行司がどの程度、意見を主張できるかははっきりしない。19代式守伊之助はこの判定を巡って強く執拗に主張したことがある。
[27] 皇族が観戦するときは、背中を皇族側に向けない動きをするが、それは慣習であって、規定には明記されていない。

果さねばならない[28]。
第二十条
行司は、その階級に応じて左の如き色を使用する[29]。

立行司
  庄之助   総紫
  伊之助   紫白
 三役行司   朱
 幕内行司   紅白
 十枚目行司 青白
 幕下二段目以下 黒又は青

第二十一条
控え行司は土俵上の行司に事故ある場合はその代行をする。

行司の土俵上の作法や土俵外の業務などを注意深く見れば、規定に明記されていないことがたくさんある。次にそのいくつかを示す。

（1）結びの一番で立行司（あるいは三役）が名乗りを上げるとき、軍配房

---

28) 本場所の祭主は立行司が基本で、その次が三役である。土俵祭りはいろいろあるので、一般的には、その場にいる地位の高い行司が祭主を務める。
29) 紫白房、紅白房、青白房の場合、白をどのくらい交ぜるかは規定には明記されていない。しかし、どちらかと言えば、紫、紅、青が白より多い。少なくとも白が多いということはない。幕下以下行司の房色は黒か青だが、現在ではほとんどすべてと言っていいくらい、青である。黒を使用する行司はほんのわずかしかいない。現在は木村将二が黒房を使っている。最近の行司としては40代式守伊之助、木村庄太郎、式守正宏、35代木村庄之助、木村孔一等がいる。木村孔一は常に使っていたが、他の行司は装束の菊綴じが黒のとき、それに合わせて黒房を使っていたようである。ところで、平成28年3月場所7日目と8日目に式守一輝（幕下）が黒房の軍配を用いていた。装束の菊綴じも黒だった。これは写真と共に阿部さん（大相撲談話会の仲間）に教えてもらったが、その使用は一時的で臨時的だったかもしれない。このように、行司はときどき、先輩行司の装束（黒の菊綴じや黒の飾り物がついている装束）と黒房の軍配を使用することがある。

第6章　行司と賞罰規定

　　を垂らすこと。
(2) 三役行司や立行司が塵浄水のとき、軍配の左端を手で支えること。
(3) 土俵入りで行司が軍配房を左右に振ること。
(4) 横綱土俵入り、幕内土俵入り、十両土俵入りをどの階級の行司が引くか。
(5) 三役以上は草履を履くこと。内規としては明記されている。
(6) 十両以上は足袋を履き、幕下以下は素足であること。
(7) 十両以上の直垂は裾が開くが、幕下以下は裾を絞ること。
(8) 軍配の形状や材質については何も明記されていない。
(9) 行司の触れごとも規定にはほとんどない。
(10) 行司は木村姓と式守姓を名乗るが、規定にはそれについて何も明記されていない。
(11) 土俵以外の業務もいくつかあるが、その業務について規定にはほとんど明記されていない。

　行司に関する規定を知ることは大切である。同様に、規定にないことを知ることも大切である。規定にあると思っていたことが、実際に調べてみると、ない場合も少なくない。どの職種でも大きな枠組みがあり、細部は別に定めたり慣習的にしたがったりする。行司の世界もそれと何ら変わりない。そういう区別があることをまず認識しておくことである。規定に明記されていないものは、別の形で明記されているかもしれない。また、どんな形でも明記されていないものもあるかもしれない。そういう視点で眺めれば、行司の世界はもっと面白くなる。

第7章　行司の反乱

1. 本章の目的[1]

　昭和46年（1971）12月25日、行司が相撲史上初めて相撲協会に「反乱」を起こした。協会が公表した改革案に反対し、行司31人のうち30人が辞表を提出したのである[2]。しかし、たった2日で解決しその反乱は非常に短いものとなった。解決に至るまでに、行司や協会はどのような動きをし、どのように妥協したのだろうか[3]。それを知ることはできるだろうか。そのような好奇心があって、この「反乱」を文献で詳しく調べてみることにした。文献と言っても、当時の新聞がほとんどである。
　本章では、主として、次の3つの視点から調べることにする。

（1）行司はなぜ協会に反乱を起こしたのか。

---

1) 本章をまとめる際、これまで同様に29代木村庄之助にお世話になった。29代庄之助自身、この騒動をじかに経験している。
2) 定員は45人だったが、当時の行司は31人だった。序ノ口の木村正義は総会を欠席し、辞表を提出していない。入門間もないこともあるが、木村正義本人はどんなことがあっても、行司を続けていきたいという決意が固かった。これはその当時の行司からじかに聞いた話である。本人に直接確認したいと思っていたが、病気で亡くなり、その機会を失してしまった。しかし、総会の欠席も辞表の未提出も本人の意志であったことは間違いないと確信している。
3) 本章では、協会と理事側を区別せず、どちらも「同じ」意味で使用している。理事側の改革案と言ったり協会の改革案と言ったりするが、同じ意味である。

(2) 協会と行司との間でどのようなやり取りが行われたのか。
(3) 行司は自分たちの要求していたことを勝ち得たのか。

　この反乱のとき、行司のトップにいたのは25代木村庄之助である。骨のある行司で、行司の権威を守るために奮闘したが、定年を待たずに行司を辞めてしまった。「反乱」に対するしっぺ返しで辞職に追い込まれたという見方もあるが、これは見方の相違によるかもしれない[4]。本章では、昭和47年3月の庄之助の辞職に関しては触れず、昭和46年12月25日から26日までの2日間にポイントを絞ることにする[5]。

2. 協会の発表から妥結までの経過

　理事側が行司改革の事項を発表し、行司が辞表を撤回するまでの経過を簡単に記しておく。新聞には会合の開始時間や長さなども細かく記されているが、ここではその時間や長さについては省略する。とにかく25日から26日の間の2日間、理事側と行司側との間で緊迫した事態が続いていた。

(1) 12月22日、協会（理事会）は行司改革に関する決定事項を公表した[6]。

---

4) 12月25日の辞表と3月の辞表とは異なるものである。3月の辞表は初場所の差し違えが原因であり、差し違えがなかったならば、辞表を提出しなかったかもしれない。25代庄之助は初場所の8日目までは勤めていたのだから、もし差し違えがなかったならば、3月場所も続けていたかもしれない。そういう見方も可能である。
5) 昭和47年3月の辞職に関しても25代木村庄之助自身が相撲の雑誌などで辞職の理由や当時の心境を語っている。25代木村庄之助は自分から相撲界を去る決心をしたと語っている。25代庄之助の心境などに関心があれば、本人がじかに語っている雑誌記事に目を通すとよい。たとえば、『大相撲』（S47.4）の新田筆「庄之助はなぜやめた！」（pp.76-9）や同誌（S47.5）の新田筆「その後の四庄之助」（pp.57-61）などは大いに参考になる。この2つの雑誌記事では、25木村庄之助が昭和46年12月の反乱で提出した辞表やその心境などについても詳しく語っている。

第7章　行司の反乱

　　改革事項を発表する前に、行司側に「改革案」の相談をするなり了承
　　をとるなりの約束をしていたが、それが完全に無視され、一方的な通
　　告になっている。

(2) 12月23日、武蔵川理事長は蔵前国技館で行司会の代表木村玉治郎、
　　木村庄太郎、木村玉光の3名に初めて決定事項について詳細な説明を
　　した。

(3) 12月25日、行司会は行司部屋で総会を開き[7]、3名から理事会の説明
　　を聞き、対応を討議した。理事会の決定事項に対し、行司会は抜擢改
　　革案以外、全項目に反対した。

(4) 12月25日、行司会は総会後、庄之助を初め、行司の全員30人が協会
　　の事務局長に辞表を提出した。当時、行司は全部で31人だった。

(5) 12月26日、協会は行司制度を巡る行司の総辞職について緊急理事会
　　を開き、対応を協議し、協会の態度を決めた。この後、行司側と話し
　　合うことになった。

(6) 12月26日、蔵前国技館第二会議室で理事側（春日野審判部長と伊勢ノ
　　海監事）と行司側（木村庄之助と式守伊之助）が会合を持った[8]。会合
　　には他の行司も集まり、話し合いを見守った[9]。理事側と行司側が互
　　いに譲歩し、妥結した。

---

6)　行司改革は相撲改革の一環であり、その他にも諸種の改革案が決定されている。本章
　　では、行司改革案についてだけ限定する。
7)　行司部屋は昭和33年（1958）1月に設立したもので、墨田区の本所にあった。この行
　　司部屋は昭和48年（1973）5月に解散し、行司はそれぞれ、現在のように、相撲部屋
　　に属している。これは行司部屋独立以前の状態に戻ったと言ってもよい。

155

(7) 木村庄之助を初め、行司全員が辞表を撤回し、元の行司に戻った[10]。

わずか25日から26日の間に改革案を巡り、辞表を提出したり、団交を持ったり、辞表を撤回したりしている。どのような改革事項が提案され、行司側がそれにどのように対応したかをこれから見ていくことにする。

3. 協会の公表した改革案

行司改革案の骨子は、大体、次のようなものである[11]。これは当時の新聞をまとめたものだが、主に『スポーツニッポン』と『日刊スポーツ』(S46.12.26) を活用した。

(1) 行司の昇進は年功序列によらず、信賞必罰による抜擢制度を採用する。審査は審判部長、巡業部長、および監事が考課表をつけ、理事会にて昇降を決定する。

---

8) 他の理事は隣の別室で待機し、理事長は理事長室にいた。会合の間、理事側の交渉代表者春日野理事と二所ノ関理事は理事長室を何度も尋ね、行司側の要求を伝え、理事長と協議した。春日野理事と二所ノ関理事の2人は、行司側が希望した「調停役」だった〔『スポーツニッポン』(12.27)〕。
9) 『スポーツニッポン』〈12.27〉によると、この会合に集まった行司は行司28人だった。3人とは連絡が取れず、結果として欠席している。木村正義にも連絡したかどうかは不明である。
10) 事務局は辞表を受け取ったが、理事長は封を切らず、辞表は「預かり」の形になっていた。行司は辞表を提出した段階で、行司を辞めたつもりでいたようだが、辞表提出後、理事側と団交しているのをみると、辞表提出は後先の結果を考えず、場当たり的に提出したという印象を受ける。理事側がすんなり辞表を受理するはずがないという「読み」もあったかもしれない。
11) 当時の新聞はこの行司改革案を巡る騒動や改革案の具体的内容を大々的に扱っている。山田著『華麗なる脇役』(pp.119-20) にはよくまとめられたものがある。29代木村庄之助の自伝『一以貫之』では騒動の理由や背景などを簡潔に語っている。

第7章　行司の反乱

抜擢の基準は次のとおり。
    (a) 土俵上の勝負判定の明確度。
    (b) 土俵上の姿勢と態度。
    (c) 土俵上の掛け声の声量。
    (d) 下位行司（へ）の指導力。
    (e) 内的事務力

(2) 立行司は二番、十両格以上は三番、取組番数を裁く。余った十両以上の5、6人には事務的仕事をさせる。
(3) 力士を行司の付き人としない。
(4) 幕下以下の行司にも装束の補助費を援助する。
(5) 行司部屋維持費を援助する。
(6) 初任給を従来の2万5千円から3万5千円にアップし、退職金を改正する。

『スポーツニッポン』／『日刊スポーツ』（S46.12.26）

この改革案の事項に対し、行司は抜擢制度を除き、反対している。それを詳しく扱っているのは、『日刊スポーツ』（S46.12.26）の記事である。それをそのまま引用して示す。

1. 行司が番数を多く裁く件に関しては、以前協会から行司会に相談があった。このときは、最終決定するときは再び行司会の意見を聞く約束になっていたが、これをホゴにして抜き打ちに発表してしまった。立行司木村庄之助が結びの一番だけでなく、二番を裁くのは行司の権威を失墜させるものである。
2. 行司を抜擢する具体的条件として、協会は勝負判定能力、指導性のほか、声の質、事務能力をあげているが、このほかに生活面までチェックされるのは人権侵害だ。また、抜擢の際の審査委員は審判部長、審判員などだが、肝心な行司から代表が選ばれていない。

3. 協会は、十両以上の行司に番数を余計に裁かせ、余った5、6人に事務的仕事をさせるといっているが、行司は事務員ではない。
   4. 来年から地方巡業手当てを出すといっているが、その額が明示されていない。

『日刊スポーツ』（S46.12.26）

　このような反対理由から行司30人は全員、12月25日、相撲協会に辞表を提出した[12]。辞表は個人名で「一身上の都合」という理由になっていた。個人がそれぞれ自分の責任で同時に辞職したことになる。この辞表提出で協会側すなわち理事側は驚き、対応策を講じるため、緊急理事会を開いた。

4. 25代木村庄之助の言い分

　25代木村庄之助は辞表提出した理由を新聞記者のインタビューに次のように答えている[13]。

　　記者　辞表を提出した理由は？
　　庄之助　それは話せばキリがないほどたくさんある。しかし一番の原因は、協会では"立行司が二番裁け"ということだが、これは承服できない。理

---

12) 当初は、木村庄之助だけが辞める覚悟でいたが、総会を開き、話を聞いているうちに全員が意を決したというのが真相のようだ。全員が事の重大さに目覚めたに違いない。25代庄之助は外面的にはとっつきにくそうで、こわもてのする風貌だが、話し出せば人の心を動かす話術を備えた人だったようだ。それに、仕事に真面目で芯の強い人だったに違いない。そうでなければ、行司全員が立行司と運命をともにするはずがない。
13) 25代木村庄之助は当時の行司待遇について『大相撲』（S47.4）の新田筆「庄之助はなぜやめた!」（pp.76-7）や『大相撲』（S47.5）の新田筆「その後の四庄之助」（pp.57-9）の中でも詳しく述べている。辞めた理由はいろいろな要因が重なり合っている。たとえば、人権問題もあるし、権威の保持もあるし、待遇面の悪さなどもある。行司の職務遂行に伴ういろいろな面で不満がうっ積していたことがわかる。

事会といえば最高の決議機関だ。決定したものには従うか従わないかのどちらかしかない。承服できなければ辞めるしか方法はない。

記者 いきなり辞表とは短気すぎないか。

庄之助 第三者にはそう思えるかもしれないが、ここにきて急に起こった問題じゃない。番数を増やす問題にしても、協会では"理事会にかける前に行司会には草案を見せる"といっていたが、それもしないで抜き打ち発表した。今までもすべて我々の意見は無視されてきた。

記者 その他の理由とは何か？

庄之助 ことし7月にワシに十両以上の行司6人を整理しろといってきた。ワシも同じ行司。同僚の首切りができるものでしょうか。人権無視もはなはだしいじゃありませんか。

記者 協会には連名で辞表を出したのか？

庄之助 そうじゃない。個人名だ。ワシ個人の理由で辞表を出すから納得してくれといったら、若い者がわれもわれもと辞表を出したんだ。とにかくワシは二度と土俵に上がる気はありません。

『日刊スポーツ』（S46.12.26）

25代庄之助の辞表提出後の短いコメントの中に「若い行司」が出てくる。この若い行司たちは兄弟子たちの圧力で書いたのではなく、自分の意志で自主的に書いたのである。これを確認できる新聞記事がある。参考になるかもしれないので、『日刊スポーツ』の「クリーンシート」の中にある記述を次に示す。この記事は、記者の質問に若い行司が答える形になっていて、エピソード風でかなり短い。

「**記者** "上の圧力"で辞表を差し出したのではないか？

行司 とんでもない。われわれは将来、結びの一番をさばく行司になるのが目標だった。これでは行司全体のレベル低下だ。（中略）若いわれわれですら不満がいっぱいだから、古い人たちはどれほどつらい思いをしてきたか…」

若い行司とのインタビューを聞いた後、記者は「どうやら長年のうっ積がここにきて爆発した感じ」だと書いている[14]。

5. 行司側の要望事項

行司側は信賞必罰による抜擢改革案については協会の決定に従うことにし、特に問題視していない。少なくとも反対する理由を明言していない。しかし、他の5項目については反対し、理事側の改革事項に沿った形で行司側の要望を提出している。

1. 立行司の番数は結びの一番とする。
2. 行司は毎日欠場なしでつとめさせる。
3. 行司の役割は行司会に一任する。
4. 給与体系を力士の給与に接近させる。但し幕下以下の行司の場合は、年功が古いものでも床山、呼出し以下だから、この点床山、呼出し並みに待遇する。
5. 力士を行司の付け人につける。

『スポーツニッポン』／『日刊スポーツ』（S46.12.27）

興味深いのは、行司側は協会側の抜擢改革案についてはまったく反対していないし、疑問も呈していない。これまでにない改革案の一事項として公表されたのだから[15]、何らかの抵抗や修正案の提出があっても不思議でないはずだが、何ら修正することもなくすんなりと受け入れている。これには協

---

14) 若い行司が、もちろん、結びの一番だけを巡って抗議したのではなく、行司全般にわたる不公平な取り扱いに抗議して辞表提出している。どのような不満が当時の行司にあったかは、たとえば、『大相撲』（S47.4）の新田筆「庄之助はなぜやめた！」（pp.76–9）や同誌（S47.5）の新田筆「その後の四庄之助」（pp.57–61）などで、25代木村庄之助自身が語っている。

第7章　行司の反乱

会側も拍子抜けしたのではないだろうか。これではこれまで行司会が保持していた人事権を全面的に放棄したようなものである[16]。行司はそのことに気づいていなかったのだろうか。行司側の要求した抜擢改正案について反対や修正がないのを見ると、行司側は最初からこれに全面的に同意していたことになる。

6. 協会の回答

協会は緊急理事会を開き、行司側の改正案を検討し、次のような回答をしている。

(1) 了承する。式守伊之助は二番、三役・幕内・十両は各三番裁く[17]。
(2) 全員土俵をつとめるようにするが、三役・幕内・十両のうち土俵の仕事がない場合は交代で割り場、放送などの仕事をする。
(3) 了承する。
(4) 要求通り努力する。退職金についても検討する。この件に関しては1月7日午後2時までに回答する。
(5) 地方場所は巡業部長が配慮して、行司に力士の付け人をつける。本場所

---

15) これまでは、基本的に、昇進は年功序列制である。それを信賞必罰による抜擢制に変えようというのが理事側の提案である。
16) 立行司の人事権は以前から協会側にあったが、下位行司の賞罰に関しては立行司がかなり人事権を握っていた。最終的な人事権は理事側にあったにしても、昇降を具申する役割は立行司に委ねられていたはずだ。しかし、抜擢改革案によれば、行司の人事はすべて理事側に任されている。実際、昭和49年の大幅な人事では全行司に及んでいる。
17) 行司側は木村庄之助の裁く番数にこだわっていて、他の行司の番数については特に反対していない。三役・幕内・十両は確かに三番ずつ裁くことになり、それが1、2場所か2、3場所続いたが、その後、現在のように二番ずつに変わった。裁く番数については、29代木村庄之助に確認してある。

161

では、付け人は廃止する。

『スポーツニッポン』／『日刊スポーツ』（S46.12.27）

　行司側の要求が協会側に受け入れられたことから、行司側は提出していた辞表を撤回することになった。これで騒動はひとまず解決し、初場所開催も無事行われることになった。外野席からこの騒動を見ると、行司側は「名」を取り、協会は「実」を取ったという印象を受ける。表面的には、お互いに譲り合い、円満解決しているが、行司側が求めていた「人権」問題は棚上げされている。一方、協会は細かい事項では行司側に譲歩し、肝心の抜擢改革案では何の抵抗も受けず要求どおりの成果を得ている。

　もし行司側に戦術にたけた専門家がいたなら、行司の「権利」を確保できる交渉もできたはずだが、残念ながら、細かい事項ばかりに気を取られ、それに対して自分たちの要求がかなり受け入れられたことに満足しているようだ。交渉が終了し、冷静になったとき、行司は自分たちの求めていた「人権」問題を解決したのだろうかと疑問に思ったに違いない。理事側と直接語り合ったり、要望を聞いてくれたりすることが「人間扱い」されたことの証拠だとするなら、行司の抱いていた「人権」などはそれほど重大な関心事だとは言えない。行司の立場を日ごろから尊重し、行司に関することは自分たちと直接相談して決めていくという姿勢が大事なことであったはずなのに、それがまったくなかったことに行司は怒っていたはずだ。しかし交渉の結果を見れば、人権問題は主要なテーマになっていないし、話題にもなっていない[18]。

---

18) 協会は一方的に改革案を公表しているが、そのことで行司側に謝罪したという形跡が見当たらない。改革案の良し悪しは別にして、行司に対等の権利を認めていれば、やはり一方的な改革案の公表には詫びるのが当然である。理事側は行司を見下ろしているだけでなく、一人前の人間的扱いをしていない。自分たちの決めたことに文句を言わず従いなさい、それが嫌なら辞めなさいと言わんばかりの姿勢である。

第7章　行司の反乱

7. 騒動決着直後のコメント

　騒動は解決したが、騒動はどのように受け止められただろうか。いくつか示す。

(1) 理事長のコメント

　　「行司の辞表提出で間近に控えた明年初場所の相撲はどうなるんだろうかとファンに気をもませたが、相方の譲歩によって円満解決した。ごねとくという感じを与えぬため修正案を行司会から提出させ検討を重ねた。」〔『日刊スポーツ』(12.27)〕

　　「これだけ世間を騒がせたのだから、よく反省しなさい。この事件によって、伊之助ら行司幹部を罰することなど考えていませんよ」〔『スポーツニッポン』(12.27)〕[19]

(2) 木村庄之助のコメント

　　「ワシの口から、今さら何もいうことはない。理事長に聞いてくれ。行司のことなら伊之助に聞いてくれ。」〔『日刊スポーツ』(12.27)〕

　　「お互いに譲り合うことができたので、これ以上文句を言う筋合いはない」

---

19) 当時はこの心境だったかもしれないが、時間の経過とともに心に変化が現れたようだ。その後の25代庄之助の取り扱いを見れば、それが何となくわかる。25代庄之助は初場所8日目で「差し違え」をし、7日間の出場停止を言い渡されている。3月場所を目の前にし、25代庄之助は辞職願を出しているが、理事長は慰留することなく、辞職を認めている。これは尋常ではない。この辺の事情は推測の域を出ないが、当時の雑誌記事などを読む限り、25代庄之助と協会側との間に目に見えない葛藤があったようだ。

〔『スポーツニッポン』(12.27)〕

(3) 式守伊之助のコメント
「やっと人間らしい扱いを受けたという感じだ」〔『スポーツニッポン』(12.27)〕

「終始なごやかな話し合いができた。その結果、納得のいく結論が出たので、辞表を撤回した」〔『スポーツニッポン』(12.27)〕

(4) 春日野理事のコメント
「行司の上位の者がたくさん番数をやることはファンサービスにつながる。行司会もそのくらいのことは考えてほしかった」

(5) 高橋義孝氏（横綱審議委員会委員）のコメント
「（前略）今度の行司のとった行動は、協会の足元を見ている感じでえげつないと思う。東京のことばでいえば、いかにも"あざとい"といわれてもしかたがない。庄之助さんもあれほど立派なたんかを切ったのだから、こう簡単に辞表を撤回しては世間も納得しないだろう。人権無視に反発したのなら、最後までそれを貫いてもらいたかった」〔『日刊スポーツ』(12.27)〕

(6) 『日刊スポーツ』の記事に見るコメント
「（前略）最も肝心な、行司の"人権問題"はおざなりにされ、首切り問題から派生的に起こった（協会側の回答にあるような）、特定の行司を裏方に回すうんぬんや、行司の勤務に対する件など、細かい問題だけが論議の対象になり、協会の提示した妥協案を行司会はあっさりのんで、引き下がってしまった」

「この日の行司会の行動は支離滅裂。のろしだけは"行司の人権問題"と立

派であったが、やったことはファン騒がせであったとしかいいようのない行動だった。相撲協会は、行司会の意向もあまり聞かず、改革案を理事会の決定事項として圧力的に押しつけたきらいはある。結局、協会のねらいである抜擢制度は全面的に認められた。行司会はあくまで、長年"虫ケラ同然"に扱われてきた、うっ積を晴らす意味で、人権回復の基本線を貫くべきだったのではないだろうか」〔『日刊スポーツ』(12.27)〕

　行司側は当初、「人権」がないがしろにされていると息巻いていたが、それは話し合いの主要なテーマにはなっていない。辞表を提出するには疑問が残る些末な問題ばかりが話題になり、行司側は自分たちの要求が受け入れられたことに満足している。

8. 不満の火種

　行司はなぜ騒動に突入したのだろうか。この騒動は、理事長の行司改革案が事前に行司に相談なく、一方的に公表されたことが引き金になっているが、行司の置かれた状態が我慢の限界に達していたことも背景にある。29代木村庄之助は自伝『一以貫之』(H14) の中で、当時を振り返り、次のように語っている。

> 「昭和46年12月、『行司の反乱』といわれた騒動がありました。行司の待遇などをめぐり、相撲協会に異議を唱えた"ストライキ"です。ただ、元をただせば、昭和30年代から協会が手掛けてきた「改革」に対し、たまりにたまったうっ積が噴き出した騒動だったように思います」(pp.107-8)

　協会はいろいろな改革に着手してきたが、行司に関することで言えば、次の2つが大きい。

(1) 行司部屋の独立（昭和33年1月）
(2) 立行司の年寄名跡の除去（昭和34年1月）

　行司部屋独立のとき、いずれ勝負検査役の独立も行うことになっていたが、結局、実現しなかった[20]。弱い立場の行司だけが窮地に追いやられているという不満が行司の中にうっ積していたのである。今度の理事長の一方的な改革案の発表がきっかけとなり、一気に爆発したのである。
　理事長のやり方も独裁的である。行司のことを行司に相談なく、一方的に決めているからである。行司を一人前の人間として扱っていない。行司は自主性のない僕（しもべ）みたいなものだ。行司はそう受け止めたのである[21]。
　燃え上がっている火にもっと油を注いだのは、25代庄之助が暴露した次の言葉だった。

「改革案は年功序列制度の見直しや、行司が土俵で担当する番数を増やし、余った人員を他の仕事へ振り向けることでしたが、何より反発したのは協会幹部の言動でした。
　行司全員が集まった席で、庄之助親方が驚くべきことを明かしました。『「問題のある行司が6人いるから整理しろ」と言われた』というものです[22]。こ

――――――――――――――

20) 当時の勝負検査役は、現在の「審判委員」に相当する。
21) 行司の権威が徐々に失われてきたのは、文献でもよく指摘されているように、明治時代から続いている。行司の経済的基盤が奪われた結果、権威も同時に奪われたのである。明治30年代に行司を辞めて年寄になった行司がいたように、昭和30年代初期にも2人（式守勘太夫と木村今朝三）が行司を辞めて年寄になっている。もっとも、昭和30年代には行司の二枚鑑札が認められなくなった。
22) この発言に関しては、緊急理事会で伊勢ノ海監事も武蔵川理事長も「そのようなことを通達した覚えはない」という趣旨のことを言っている〔『日刊スポーツ』（12月27日）〕。どちらが真実かははっきりしないが、25代庄之助は新聞記事や雑誌記事でも公言していることから、人員整理のことを示唆する発言をしたのではないだろうか。そうでなければ、余った行司の「事務的仕事」という項目を協会の改革案に明記するはずがない。

第7章　行司の反乱

れにはみんな『もう、我慢できない』と憤慨しました」〔29代木村庄之助の自伝『一以貫之』（H14、p.108）〕

　騒動が勃発する前に火種がいくつか燃えていたところに、もう一つの大きな火種が降り注いできたのである。一気に燃え上がり、火が消えるまでに2日かかった。その2日の間、油を注いだ者と注がれた者が互いに消火用消防車を出し合い、何とか火を消したのである。しかし、現在でも性質の異なる火種はくすぶっており[23]、灰の中で燃え続けていると言ってよい。

9. 職務全般の文書化

　この項で述べてあることは、「論考」というより「感想」と言ったほうがよい。行司の「反乱」に関する新聞記事や雑誌記事を読んでいて、思い浮かんだ考えをまとめたものである。

(1) 役割と権利

　行司と協会との関係は従業員と雇用者との関係に似ている。したがって、それぞれ役割が異なる。その役割を果たすことがそれぞれの責務である。その場合、行司と協会の権利がどんなものであるかが明確でなければ、権利を侵害されていると言っても、何のことかわからなくなる。行司が「虫けら」同然の扱われ方しかされていないとか、一人前の人間扱いをされていないということが文献でもよく見られるし、相撲に精通している相撲通などからも聞かれるが、それがどういう意味なのかはっきりしない。行司の役割を侵害

---

[23]　行司は、たとえば、給料、手当、出張費などで力士と大きく差をつけられている。行司がそのような待遇に満足しているはずがない。行司の権利も十分認められていないはずだ。

すれば、行司の権利侵害に当たるが、その侵害がどの程度なら「虫けら」同然の扱いとなるのか、基準があいまいである。人間扱いをしていないという場合でも、奴隷のように命令を聞くだけの存在としてみなされているのか、仕事そのものを見下げられていて、それに従事している「劣る」人間として扱われているのか、定義づけいかんによって、解釈も違ってくる。

　行司の立場に立ってみるならば、何よりも先に、行司の役割を明確に定義することである。その役割を果たすことによって、行司は自分たちの権利を守ることになる。行司の役割を侵害するような行為はすべて、行司の権利の侵害になるわけだから、行司は毅然として権利を主張すればよい。その権利侵害を「侵害」だと主張し、受け入れられなければ受け入れられるような手段を講ずればよいのである。

　人間的扱いをされていないというのは、本来なら人間的扱いをしてほしいのに、それに反することをされているということである[24]。その「本来の人間的扱い」とは何であろうか。やはり職務の定義があいまいなために、協会は協会なりの判断で動いていたのではないだろうか。職務の中身や領域などが明確であれば、協会もそれに基づいて行動したはずだ。これまでの協会側の動きを見る限り、確かに圧力的であるが、それを許してきた行司側にも責任がある。

　それまで協会は行司の職務に何度も口を出してきたが、行司側はそれを公的に批判することなく、その圧力に屈してきた。協会は、いつでも好き好んで口出ししてきたわけでもないはずだ。行司の自浄力に期待していたが、その期待に行司が応えなかったのかもしれない。また、残念なことに、行司は自分たちの職務を明確にしていない。誰でも納得いくような形で定義されていれば、理事側のやり方はおかしいと異を唱えることができる。

---

24) 行司の人権、人間的扱い、金銭的な待遇、庄之助の権威などについては、たとえば、『大相撲』(S47.4) の新田筆「庄之助はなぜやめた！」(pp.76-9) に具体的な解説がある。この項では詳細な事例を問題にするのではなく、その問題を包含する規定や問題を処理する手順の文書化について、一つの考えを提示している。

行司と力士あるいは行司と理事は役割がそれぞれ異なるわけだから、同一の権利を主張できるわけでもない。おのずから「権利」の内容も異なる。理事側が「良かれ」と思って改革案を出しても、行司は「権利の侵害」だと主張することもできる。事前に話し合っていたとしても、行司の満足する内容になるという確証はない。いざとなれば、理事側は自分たちの主張を推し進めようとするかもしれない。それを認めるか否かは、行司の判断である。相容れない主張があった場合は、職務の定義や権利の違い等を参考にして、是非を判断しなければならない。

　行司の「人権無視」を問題にする場合は、行司の職務の定義に照らし、どの点が問題なのかを問い直す必要がある。事前に相談なく公表したことや職務の分担から逸脱することを要求したことは、行司の権利侵害に当たる。理事側は行司の職務遂行に伴う責任を無視しているし、行司の役割分担を侵害しているからである。しかし、行司の職務を規定し、問題が起きたときはどう処理するかに関し、明確な規定がない。これも大きな問題の一つだ。規定がない場合、慣例に従うのが一つの方法である。理事側はその慣例に従ったような気がする。実際、他にもいくつか改革を断行しているが、理事会で先に決め、公表しているからである。要するに、行司改革をする場合には、どのような手順を踏んで行うかということを文書化しておく必要がある。そうでないと、自分たちに都合のよい権利ばかりを主張することにもなりかねない。

(2) 職種

　経済的な待遇の是非を問題にする場合には、行司という職業が普通の会社員と同種なのか、特殊技能を必要とする特別職なのかを明確にする必要がある。それが明確になれば、給料や手当の査定などは比較的簡単に決まるはずだ。もし普通の会社員と同種だと判断すれば、世間の相場を勘案して経済的処遇は決めればよい。しかし、特殊な能力を要する職種だとすれば、個人個人の能力に応じて金額を決めることになる。行司の給料を力士の給料に近づ

けるようにという意見があるとすれば、それには首をかしげたくなる。その主張の前に、職種を決めておくことが先決である。力士は誰が見ても能力給だが、行司の職種は特殊才能を要するものだろうか。正直言って、私にはわからない。何となく、普通の会社員と同種ではないかという気がするだけだ。

　同じ職場にあっても、職種によって給料は異なる。どのくらいが適切な給料であるかは、意見のわかれるところである。要は、力士の給料を基準にして、それに見合う給料にすべきだというわけにはいかない。給料は高いことに越したことはないが、それは相撲協会の中で決めることである。行司の職務に見合う給料にするように協会は講じればよい。協会が講じなければ、講じるような手段を考えればよい。妥協点が見いだせなければ、裁判に訴えることもできる。

　行司の給料が安いというのは昔から言われているが、給料の査定が普通の会社と違っているからである。本俸と手当の2つになっているが、本俸だけを問題にすれば、確かに安そうだ。しかし、手当てを加えると、普通の会社員と似たり寄ったりかもしれない。ただその手当てがどうなっているか、外野の人にはまったくわからない。最近は個人のプライバシーの関係で、本俸や手当の内容を公表できなくなり、給料の高さ・低さを論じることが難しくなった[25]。

(3) 裁く番数

　今度の団交では、行司側は木村庄之助の裁く番数にすごくこだわっている。一番だけ裁くことが、行司の権威の象徴だというのだ。そう思うのは、

---

[25] 「日本相撲寄附行為」の中に主だった給与や手当については明記されているものもあるが、行司の給料については具体的な金額を明記していない。実際、各階級の行司が一月、あるいは本場所のある月、どの程度の金額をもらっているのか、その「寄附行為」ではわからない。

第7章　行司の反乱

　もちろん、行司の自由である。歴史的に見て、木村庄之助が常に最後の一番だけを裁いていたかとなると、実はそうでないかもしれない。以前は、木村庄之助が二番も三番も裁いていたことがあった。たとえば、寛政3年（1791）の6月の上覧相撲では二番、明治17年（1884）3月の天覧相撲では三番裁いている。本場所の場合はどうだろうか。木村庄之助は江戸時代からずっと一番だけ裁いていたのだろうか[26]。もし二番以上も裁いていたなら、いつから一番だけになったのだろうか。木村庄之助の裁く番数については、もう少し詳しく調べる必要があるかもしれない[27]。もしかすると、歴史のある段階で、木村庄之助が行司の権威の象徴に変わっているかもしれない。歴史の中で、あるモノが急に「象徴」に変わることはよくある[28]。それを問題視する必要はないが、ずっと昔から「象徴」であるかのように強調すると、揚げ足を取られる可能性がある。

　行司の裁く番数はどのくらいが適正化だろうか。番数は階級によって違うべきものなのか。もしそうであるなら、現在のように、式守伊之助から十両まで二番ずつ裁くことが適正なのか。十両以上は「有資格者」であっても、三役、幕内、十両というように、階級差は歴然としている。現在の裁く番数

---

[26] 山田著『華麗なる脇役』（H23）には「立行司木村庄之助は江戸の昔から結びの一番のみに命を懸ける」（p.129）という記述がある。これが真実かどうかをまだ確認していない。木村庄之助が上覧相撲で二番裁いていることから、本場所でも二番あるいはそれ以上裁いたかもしれない。残念ながら、今のところ、それを肯定も否定もできない。

[27] 行司部屋で聞いた話によると、木村庄之助は昭和24年5月場所、木村玉之助が病気のため、二番裁いている。これは例外的裁きである。また、19代伊之助も昭和26年9月に昇格したが、昭和27年9月以降昭和34年11月まで、木村庄之助と同じように、一番だけ裁いている。これは例外的扱いではない。副立行司が二番裁き、それと区別する意味で、「立行司」としての式守伊之助が一番裁いたのである。式守伊之助は「立行司」の二番手だが、副立行司より一段上位である。式守伊之助の一番裁きについては、29代木村庄之助に教えてもらい、相撲博物館の取組表で確認した。式守伊之助が元の二番裁きに戻ったのは、昭和35年1月からである。

[28] 現在、立行司が差している「短刀」も元をただせば、武士の刀が形を変えたものである。最初から、腹を切るためのシンボルとして携帯していたわけではない。

も、おそらく、話し合いで決めたはずだが、それもたまたま慣例に従ったものかもしれない。内規に規定されているにしても、何を基準に番数を決めたかは重要である[29]。しかし、その基準を記してある文献は、私はまだ見ていない。いずれにしても、行司の裁く番数の適正化をどの基準におくかは知りたいものだ。

　その基準が明確になれば、理事側の提案と行司側の提案のうち、どちらが理にかなっているか判断できる。そうでなければ、状況によって増減が恣意的に決まる可能性がある。理事側は騒動のとき、裁く番数を増やし、結果的に人員整理をしようとしたために、行司の反発を招いたが、理事側の立場に立てば、それも理不尽な要求ではない。番数の適正化という視点からすれば、どちらにも軍配を上げられない。なぜなら、基準が明確でないだけでなく、それを明文化したものもないからである。

　番数の増減が行司の仕事量にどのような影響を及ぼすのかもはっきりしない。行司の「権威」の維持に一役買っていることはわかるが、どのくらい関係があるのかわからない。そうなると、裁く番数は行司の権威と密接な関係がありそうだ。今度の騒動では、木村庄之助の番数がクローズアップされ、それを死守することにかなり力を注いでいるが、他の有資格者の番数についても論議してほしかった。それはないものねだりになるので、過ぎたことに対する願望になってしまうが、今後、現在の番数の増減が問題になる状況が生じるかもしれない。そのときに備える意味においても、番数の適正化は何を基準に行うか、討議しておいたほうがよいかもしれない。

　同様に、行司の定員や有資格者の員数も討議しておいたほうがよい。これは「関取」の人数の増減や力士の増減と大いに関係がありそうだが、その適

---

29) 裁く番数は「寄附行為」には明記されていない。内規として記されているかもしれないが、残念ながら、その内規の存在を知らない。昭和46年12月26日の妥協案では番数も記されているが、現在、行司が裁く番数も文書の形で記されたかもしれない。現在の番数はどうやら昭和47年中に決まっているが、理事側と行司側が話し合いで決め、文書を作成しなかったかもしれない。いずれが真実か、今のところ、不明である。

正な人数をどのようにして決めるのか、明文化しておいたほうがよい。行司の定員は過去に何回か変わっており、その都度、理由も発表されているはずだが、適正化という観点からは、その基準は必ずしも明文化されていない。状況の変化に応じて、臨機応変に対応してきたことは確かだが、その状況を見極める基準が必要である。そうでなければ、協会は一方的に行司の定員を決めて、公表するかもしれない。それでもよければ、そのことをどこかで明文化しておけばよいのである。

10. 結び

　本章では、2日間にわたる行司の「反乱」の経緯を見てきた。理事側が最初に提案した改革案を巡り、行司側と理事側はお互いに譲り合う形で一件落着となった。騒動のきっかけや背景が何であれ、騒動が起きたとき、それを処理する手順について当時、文書の形では何も明文化されていなかった。

　ここから得た教訓としては、何かを新しく始めるときは、事前に相互に話し合うということを明文化しておくことである。そうでなければ、権力のある理事側が一方的に決め、押しつけるかもしれない。それを防ぐには、弱い立場の行司側にも一定の権利を認め、その権利を尊重することである。明文化されたルールがあれば、理事側と行司側がお互いに協議し、事を進めることができる。

　相互の意見が合わないときはどうするかも明文化しておけばよい。この場合は、権力のある理事側の意見が通るかもしれないが、それも明文化しておけばよいことである。行司側に何か不満があったり、改善してほしいことがあったりすれば、それを理事側に要求することになるが、これもやはりルールとして明文化しておくことが大切である。問題の処理や何かの提案に際しては、どういう手順を踏むかをルール化してあれば、お互いの立場から自分たちの考えを述べることができる。

　昭和46年12月の「反乱劇」では、改正案を巡って相互に譲り合い、結果

的に解決したが、理事側が改正案を発表したり、行司側が反乱を起こしたりする手順に一定のルールがなかった。その手順は場当たり的である。そのような解決法ではなく、ルールに従った解決法を文書にしておくことが望ましい。

要するに、組織の中で何らかの要求を達成するには、達成するための手順を文書化し、ルールの中で動くことである。要求がうまくいこうといかなかろうと、そのことも文書の中に明記しておけばよい。

最後に一言。25代木村庄之助は昭和47年3月に行司人生を終えているが、辞表を提出する際の心境を次のように語っている。

「私はクビになったんじゃない。こっちで相撲協会を見限って辞表を出したんだからね」〔『大相撲』(S47.5)の「その後の四庄之助」(p.57)〕

この辞表提出に至るまで、25代木村庄之助は、「行司魂」を傷つける協会の扱いに対し、その改善のために奮闘したが、残念なことに、その奮闘はほんの一部しか報いられなかった。協会の壁は厚く高かった。25代木村庄之助は協会に抗議する形で辞めていったが、その精神は、現在、どのように受け止められているだろうか[30]。

---

30) 25代木村庄之助の辞表提出を巡る一連の出来事についていつかまとめてみたいが、それは夢で終わってしまうかもしれない。いつまでも頭や心が健全であるとは限らないからである。でも、幸い、山田著『華麗なる脇役』(H23)に一連の出来事や背景、それに心境などがかなり詳しく述べられている。著者の山田氏は25代木村庄之助の長男であり、父である庄之助を身近に見ている。

第8章　行司の年譜

A. 昭和20年代（1946〜1955）
1. S22.6　　　　三役行司の木村庄三郎と木村正直の2名に草履が許されている。他の三役はまだ足袋だけである。
2. S24.1　　　　行司学校を開設する。
3. S25.10
    (a) 寄附行為の施行細則第24条を改正する。足袋格以上の行司と力士の関係を規定する。
    (b) 吉田司家24世追風（長善）が不祥事により引退する。長男（7歳）が25世追風を継いだ。
4. S26.1　　　　新たに副立行司を設ける。房色は紫白を使用する。
5. S26.5
    (a) 立行司（三番手）の木村玉之助が副立行司（筆頭）に格下げされる（1月に決まっていた）。
    (b) 三役格（筆頭）の木村庄三郎が副立行司（二番手）に昇格する（1月に決まっていた）。
6. S26.9
    (a) 副立行司（二番手）の木村庄三郎が筆頭の木村玉之助を飛び越えて19代式守伊之助に昇格した。結果的に、木村玉之助は筆頭のままだが、一枚下がったことになる。
    (b) 三役筆頭の木村正直が副立行司（二番手）に昇格した。

B. 昭和30年代（1956〜1965）

7. S31.5 　　行司定員を56名とする。定員外に「見習」として5名いた[1]。

8. S33.1 　　行司部屋を新設する。審判部独立の一環。審判部は結果的に独立しなかった。行司部屋は昭和48年5月に解散し、旧に復する。

9. S33.9
   (a) 行司の年寄襲名制度を廃止する。猶予期間は1年。その結果、木村今朝三と式守勘太夫は行司を引退し、年寄専務となる。木村伊三郎は年寄株（阿武松）を持っていたが、返上し、行司を続ける。
   (b) 定年制を（65歳）を採用する。実施は34年11月場所後となる。
   (c) 行司式守伊之助が9月場所初日、北の洋と栃錦戦で勝負判定をめぐり、自分の軍配の正しさを強硬に主張した。「差し違え」というより規定に従わなかった理由で、2日目から13日目まで出場停止の処分を受けた。

10. S33.11 　　11月場所から、勝負判定に「物言い」がついたとき、行司も審判委員の協議に参加し発言できることになった。しかし、判定には加わらない。

11. S34.1 　　木村庄之助と式守伊之助の両家を年寄名から除く。年寄名跡は105となる。

12. S34.12 　　行司の定年制で木村庄之助（22代、68歳）、式守伊之助（19代、71歳）、木村玉之助（13代、副立行司筆頭、67歳）、式守与太夫（8代、三役筆頭、65歳）、木村庄太郎（13代、三役二番手、73歳）の5名が退職した。

---

1) 21代木村庄之助・前原太郎著『行司と呼出し』（p.67）。

13. S35.1
   (a) 行司の定年制〈65歳〉を実施する。
   (b) 副立行司を廃止する。玉之助の名跡がなくなる。立行司は木村庄之助と式守伊之助の二名になる。木村正直が23代木村庄之助、式守鬼一郎が20代式守伊之助に昇格した。
   (c) 行司の定員制を実施する。十両以上の行司を25名から19名に減らす。立行司2名、三役3名、幕内7名、十両7名とする[2]。
   (d) 三役格に草履を特例として許す。
   (e) 行司の賞罰規定を制定した。
14. S35.10   行司定員50名以内を45名以内とする[3]。
15. S38.1   行司の賞罰規定を緩和する。

C. 昭和40年代（1966〜1975）

16. S45.1   1月場所（2日目）に「顔触れ」言上が復活したが、この場所限りで中止になる。大鵬が休場し、横綱土俵入りが行われなかったため。この顔触れは昭和34年5月終了後、時間の都合で中止されていた。その後、再び復活したのは昭和47年7月場所（8日目）である。
17. S46.12

---

[2] 十両以上行司が19名となった頃、総定員を45名以内とするのも話し合われたようだ〔『大相撲画報』（S35.2）の「行司生活50年〈23代庄之助・20代伊之助にきく〉」（p.18）〕。

[3] 50名の定員がいつ始まったかは、まだ確認できていない。昭和35年10月に定員を45名にしているので、昭和31年から35年の間に50名になったことになる。改正の年月は意外と簡単に見つかるはずだが、執筆段階ではまだ確かな資料が見つかっていない。昭和32年5月20日に50名になったというメモがあるが、それを裏づける証拠がない。

- (a) 理事会で行司の年功序列制度を止めることを決めた（12月22日）。
- (b) 行司会はこの昇進制度改革に反対し、また待遇改善を求めて、ストライキを入った（12月25日）。
- (c) 理事側と行司側は話し合いを持ち、一日で妥結した（12月26日）。

18. S47.1 　木村庄之助は1月場所8日目、北ノ富士と貴ノ花の勝負判定で「差し違い」をし、一週間の謹慎処分を受ける。つまり、千秋楽まで出場停止の処分である。物言いの協議では、北ノ富士の「突き手」を「かばい手」と見るか、「突き手」と見るかで意見がわかれた。

19. S47.3
    - (a) 25代木村庄之助が3月1日、一身上の都合で辞表を提出する。理事会はそれを受理した。
    - (b) 協会は、今年いっぱい、木村庄之助を置かないことを決定した。木村庄之助が空位になるのは相撲の歴史で初めてのこと。
    - (c) 式守伊之助が3月場所7日目、北ノ富士と貴ノ花戦で「差し違い」をし、一日だけの謹慎処分を受けた。1月場所と同じような勝負のつき方だったが、両場所の勝負の判定基準も異なり、謹慎期間も違っている。

20. S48.1 　22代式守伊之助が26代木村庄之助に昇格した。
21. S48.5 　行司部屋（昭和33年1月に設立）を解散し、旧に復する。
22. S49.1 　大規模の抜擢人事が初めて行われる。
    - (a) 木村玉治郎が上位の二人を飛び越え、23代式守伊之助となる。23代式守伊之助が決まる前の空位の間（S48.3-S48.11）、三役格の木村正直（筆頭）、式守伊三郎（二番手）、木村玉治郎（三番手）を同格と

第8章　行司の年譜

し、考査している。木村玉治郎が式守伊之助（23代）に昇格することは、前年（48年）の11月に決まっていた。番付では、この1月場所である。

(b) 式守錦太夫（幕内四番手）が上位の3人を飛び越えて、三役格（最下位の三番手）となる。上位には筆之助、与太夫、勘太夫がいた。

D. 昭和50年代と60年代（1976～1989）

23. S50.3　　小規模の抜擢人事が行われる（十両と幕下の全部で）。
24. S51.3　　小規模の抜擢人事が行われる（十両下位2名と幕下上位2名で）。
25. S52.11　　行司の定員45名以内を40名以内とする。
26. S54.9　　十両以上の行司を20名以内から22名以内とする。
27. S55.10　　行司定員を40名以内から45名以内とする。

E. 平成時代（1989～）

28. H5.3　　行司の45名定員に5名の臨時採用枠を新たに設けた。
29. H6.1-3　木村庄之助と式守伊之助は空位となる。その間、三役格行司三名を考査し、次の式守伊之助を選考することにした。
30. H6.3　　三役格行司の式守錦太夫（二番手）が筆頭の木村善之輔を飛び越えて28代式守伊之助に昇格した。
31. H24.11　三役格の木村庄三郎（二番手）が筆頭の木村玉光を飛び越えて39代式守伊之助に昇格した。木村玉光は体調が思わしくなかった。
32. H25.11　三役格の式守錦太夫（二番手）が筆頭の木村玉光を飛び越えて40代式守伊之助に昇格した。木村玉光の体調はまだ芳しくなかった。

179

参考文献

（新聞や雑誌類は省略してある）

荒木精之、『相撲道と吉田司家』、相撲司会、1959（S34）。
池田雅雄（編）、『(写真図説) 相撲百年の歴史』、講談社、1970（S45）。
伊藤忍々洞、『相撲展望』、雄生閣、1939（S14）。
岩崎友太郎、『土俵の周辺』、白水社、2015（H27）。
『映像で見る国技大相撲（第19号）―昭和21～28年』（DVD）、ベースボール・マガジン社、2010（H22）。
『江戸相撲錦絵』、『VANVAN相撲界』（昭和61年新春号）、ベースボール・マガジン社、1986（S61）。
『大相撲』、戸谷太一（編）、学習研究社、1977（S52）（本文中には「学研発行」として記す）。
『大相撲人物大事典』、『相撲』編集部、ベースボール・マガジン社、2001（H13）。
大橋新太郎（編）、『相撲と芝居』、博文館、1900（M33）。
景山忠弘（編著）、『(江戸・明治・大正) 大相撲グラフティ』、カタログハウス、1994（H6）。
風見明、『相撲、国技となる』、大修館、2002（H14）。
金指基、『相撲大事典』、現代書館、2002（H14）。
上司子介著、『相撲新書』、博文館、明治32年／復刻版、ベースボール・マガジン社、1985（S60）。
北川博愛、『相撲と武士道』、浅草国技館、1911（M44）。
木村喜平次、『相撲家伝鈔』（写本）、正徳4年。
木村庄之助（20代、松翁）、『国技勧進相撲』、1942（S17）。
木村庄之助（21代、竹内重門）、『ハッケヨイ人生』、帝都日日新聞社、1966（S41）。
木村庄之助（22代）・前原太郎（共著）、『行司と呼出し』、ベースボール・マガジン社、1957（S32）。
木村庄之助（27代、熊谷宗吉）、『ハッケヨイ残った』、東京新聞出版局、1994（H6）。

木村庄之助（29代、桜井春芳）、『一以貫之』、帝都日日新聞社、2002（H14）。
木村庄之助（33代、野沢要一）・根間弘海（共著）、『大相撲と歩んだ行司人生51年』、英宝社、2006（H18）。
『木村瀬平』（雪の家漁叟記）、潰和堂、1898（M31）。
栗島狭衣、『相撲通』、実業之日本社、1914（T3）。
小池謙一、「年寄名跡の代々（86）〜（88）」、『相撲』、平成8年11月号〜平成9年1月号、1996（H8）、1997（H9）。
小泉葵南、『お相撲さん物語』、泰山房、1918（T7）。
小泉葵南（三郎）、『昭和相撲便覧』、野崎書房、1935（S10）。
『国技相撲のすべて』（別冊『相撲』秋季号）、ベースボール・マガジン社、1996（H8）。
酒井忠正、『日本相撲史』（上・中）、ベースボール・マガジン社、1956（S31）、1964（S39）。
式守伊之助（19代、高橋金太郎）、『軍配六十年』、高橋金太郎（発行）、1961（S36）。
式守伊之助（26代、茶原宗一）、『情けの街のふれ太鼓』、二見書房、1993（H5）。
式守蝸牛、『相撲陰雲解』（写本）、寛政5年／『VANVAN相撲界』（秋期号）に収録、1983（S58）。
『相撲浮世絵』、別冊『相撲』夏季号）、ベースボール・マガジン社、1981（S56）。
『相撲極伝之書』（南部相撲資料の1つ）、マイクロフィルムからのコピー、盛岡市中央公民館所蔵。
『相撲錦絵展』、田原町博物館（編）、田原町博物館、1996（H8）。
『相撲の歴史―堺・相撲展記念図録―』、堺市博物館（制作）、堺・相撲展実行委員会、1998（H10）。
『新・古今大相撲事典』、読売新聞社、1985（S60）。
立川焉馬撰、『角觝詳説金剛伝』（写本）、文政11年。
田中四朗左衛門、『相撲講話』、日本青年教育会、1919（T8）。
根間弘海、『ここまで知って大相撲通』、グラフ社、1998（H10）。
根間弘海、『大相撲行司の伝統と変化』、専修大学出版局、2010（H22）。
根間弘海、『大相撲行司の世界』、吉川弘文館、2011（H23）。
根間弘海、『大相撲行司の軍配房と土俵』、専修大学出版局、2012（H24）。
根間弘海、『大相撲の歴史に見る秘話とその検証』、専修大学出版局、2013（H25）。

彦山光三、『相撲美開眼』、六興商会出版部、1941（S16）。

彦山光三、『相撲読本』、河出書房、1952（S27）。

彦山光三、『相撲道綜鑑』、日本図書センター、1977（S52）。

常陸山谷右衛門、『相撲大鑑』、常陸山會、大正3年／復刻版、1985（S60）。

藤島秀光、『力士時代の思い出』、国民体力協会、1941（S16）。

古河三樹、『江戸時代の大相撲』、国民体力協会、1942（S17）。

古河三樹、『江戸時代大相撲』、雄山閣、1968（S43）。

牧野喜久雄（編）、『昭和大相撲史』、毎日新聞社、1979（S54）。

三木愛花、『増補訂正日本角力史』、吉川弘文館、1909（M42）。

三木貞一・山田伊之助（共編）、『相撲大観』、博文館、1902（M35）。

山田義則、『華麗なる脇役』、文芸社、2011（H23）。

吉田追風（編）、『ちから草』、吉田司家、1967（S42）。

吉田長孝、『原点に還れ』、熊本出版文化会館、2010（H22）。

吉成勇（編）、『図録「日本相撲史」総覧』（別冊歴史読本）、新人物往来社、1992（H4）。

和歌森太郎、『相撲今むかし』、河出書房新社、昭和38年／平成15年（昭和38年版の復刊）、2003（H15）。

あとがき

　私の自宅マンションでは、毎月一回、「大相撲談話会」を開いています。大相撲大好き仲間10名が集まり、相撲談義を2時間半から3時間くらい行っています。話題をあらかじめ決めてある月と相撲に関する話なら何でも談義する月を交互に繰り返しているので、会合は大変有意義なものになっています。仲間はそれぞれ得意とする領域を持っていて、その領域に関しては豊富な知識を持っています。東京両国で本場所があるときは、仲間と一緒に1日は相撲観戦し、夜はチャンコを囲み、相撲談義に花を咲かせます。地方場所は遠いため、有志の仲間だけで相撲観戦に行きます。私は今年（平成27年）、6場所全部、それぞれ少なくとも1日は相撲観戦に行きました。

　この大相撲談話会での発表を聞いたり、相撲の話を聞いたりしていると、自然に刺激を受け、相撲のことをよく考えるようになります。本を書いてみようという気になったのも、談話会で大いなる刺激を受けたからです。行司に興味を抱いている仲間が何人かいれば、行司に関する話が自然に出てきますし、日頃疑問に思っていることを話し合うこともできます。話し合いがきっかけになり、特定のテーマを深く研究したくなることもあります。本書で取り上げたテーマも談話会でときどき話題にし、疑問に思ったことを質問したりしました。期待した答えを得ることはあまりありませんが、それは当然と言えば当然です。もともと明確な答えはないのが実情だからです。でも、話し合いは研究を続ける刺激剤になります。

　私が行司の研究をしていて、果たせぬ夢が一つあります。そしてその夢を実現しようと努力をしていますが、今のところ、なかなか達成できそうもありません。夢は夢で終わるのではないかと思ったりもします。その夢をここで披露するので、私に代わって誰かが実現してほしいと思います。夢の中身

はものすごく単純です。単純すぎて、それを聞いたら笑い出すかもしれません。その夢とは、ズバリ「軍配房色の紅白と青白がいつから使われだしたか」を確認することです。その年代を特定するために、これまで手持ちの資料を丹念に調べてきましたが、まったく見つかりません。でも私は、どこかにひっそりと寝ている資料があり、その中に「紅白」と「青白」を確認できる文言があるのではないかと期待しています。

　この紅白房と青白房に関する夢は、つい最近ではなく、房色を研究し始めた頃からずっと見続けているのです。けれども、確認できる資料が見つからないのです。紫房も朱房も使われた出した年代はわかりませんが、ずっと昔から使われています。それは文献の中でも確認できます。紅白房や青白房に関しては天保から幕末の間に使われだしたのではないかと推測していますが、それも単なる推測であって確証があるわけではありません。木村瀬平（6代）が青白房や紅白房を使用していたらしいので、江戸末期にその房色があったことは確実なのですが、それ以前のことは暗闇に隠されています。でも暗闇の中に「光」の源が必ずあるはずです。錦絵を探してみましたが、紅白房や青白房の行司を描いたものはありません。もっと単純なおもちゃ絵やチラシの類にカラーで房色が描かれているかもしれない。そういう資料を探してみましたが、今のところ、遭遇していない。幕末には文字資料もいくらかありますが、下位行司の房色を確認できる文言はまだ見ていない。

　江戸末期にはすでに「紅白房」も「青白房」も存在が確認できるのだから、必ず「始め」があります。力士の階級と房色が一致している可能性があるので、紅白房や青白房に対応する力士の階級があるはずです。その階級がいつ頃始まったかを確認できれば、その頃に房色が使われだした可能性があります。そのように、いろいろな手がかりを想定して、活用できる様々な資料の調査をしてきましたが、費やした労力に見合う報酬はまだ得られていません。江戸時代の「幕下十枚目」という力士の階級が軍配の「青白房」に対応しているはずなので、その「幕下十枚目」がいつ頃現れたかを確認できれば、それは問題解決の大きなステップになるはずです。

　いずれにしろ、紅白房と青白房がいつ頃使われだしたかを特定すること

あとがき

が、私の長年の夢です。この夢を今でも見続けています。でも私はそれをおそらく自分では達成できないだろうと思っています。私が相撲の本を書くことはもうないと思い、はじめて私の夢について、この「あとがき」で話をさせていただきました。誰かにぜひこの夢を実現してほしいと願っています。

　大相撲談話会の話に戻ると、相撲観戦した後、チャンコに行きますが、そこでは毎回、ゲストを招き、お話を聞きながら、いろいろな質問をしたりします。私が談話会を主催している関係上、お招きしたお客さんはどうしても行司さんが多くなります。時には、仲間の紹介で相撲に精通している相撲通をお招きすることもあります。

　相撲好きの仲間と話していると、得意の領域なら恐ろしいほど何でも詳しく知っています。相撲通を通り越して「相撲オタク」です。そのような知識豊富な相撲通と相撲談義を続けていれば、相撲への好奇心はますます強くなります。相撲に関する限り、定年後に得た知識はたくさん増えました。談話会は刺激剤ともなり、その刺激剤があったから、本書を執筆できたと思います。そこで、「大相撲談話会」のことを「あとがき」で少し紹介することにしました。

　特に談話会のメンバーの一人、多田真行さんには一部の原稿を読んでもらい、コメントをいただいたりしました。コメントは適切だったし、ミスも指摘してくれたので、原稿の内容充実に大いに役立ちました。多田さんは私の大学時代の「相撲ゼミ」の受講生の一人で、相撲に関する記憶力は本当に抜群で、行司のことに関しても知識が豊富です。多田さんのご協力に対し、ここに改めて感謝の意を表しておきます。

　最後に一言述べておきます。実は、相撲の原稿を書くとき、苦労していることがあります。大学の紀要に掲載できるような「論考」にするには、論考にふさわしい形式を備えていなければなりません。単なるエッセイではいけないのです。内容が優れていることに越したことはありませんが、論考としてそれにふさわしい形式を備えていることも大切です。そのため論考にまとめているときは常に苦労しました。「学問の匂い」がしない論考はいずれ非難を浴び、掲載を断られます。内容が相撲に関することであっても、それを

「論考」に値する水準まで持ち上げるには、それなりの工夫が必要なのです。どのような工夫が必要かは、ここで披露する必要はないでしょう。しかし、大学の紀要に掲載するには、掲載にふさわしい形式を備えていなければならないということを強調しておきたいと思います。

拙著と拙稿

　これまで行司に関する拙著は7冊、紀要は53篇を公的にしてきた。それを次に列挙する。紀要の中には拙著に組み入れたものも少なくない。これらの拙著や拙稿は公的機関を通せば、比較的簡単に容易に入手できる。そのための情報は詳しく記してある。

【拙著】
(1) 1998、『ここまで知って大相撲通』、グラフ社、237頁。
(2) 1998、『Q&A形式で相撲を知るSUMOキークエスチョン258』（岩淵デボラ訳）、洋販出版、205頁。
(3) 2006、『大相撲と歩んだ行司人生51年』、33代木村庄之助と共著、英宝社、179頁。
(4) 2010、『大相撲行司の伝統と変化』、専修大学出版局、368頁。
(5) 2011、『大相撲行司の世界』、吉川弘文館、193頁。
(6) 2012、『大相撲行司の軍配房と土俵』、専修大学出版局、300頁。
(7) 2013、『大相撲の歴史に見る秘話とその検証』、専修大学出版局、283頁。

【拙稿】
(1) 2003、「相撲の軍配」『専修大学人文科学年報』第33号、pp.91-123。
(2) 2003、「行司の作法」『専修人文論集』第73号、pp.281-310。
(3) 2003、「行司の触れごと」『専修大学人文科学研究所月報』第207号、pp.18-41。
(4) 2004、「土俵祭の作法」『専修人文論集』第74号、pp.115-41。
(5) 2004、「行司の改正」『専修大学人文科学研究所月報』第211号、pp.9-35。
(6) 2004、「土俵祭の祝詞と神々」『専修人文論集』第75号、pp.149-77。
(7) 2005、「由緒ある行司名」『専修人文論集』第76号、pp.67-96。
(8) 2005、「土俵入の太刀持ちと行司」『専修経営学論集』第80号、pp.169-203。
(9) 2005、「行司の改名」『専修大学人文科学研究所月報』第218号、pp.39-63。

(10) 2005、「軍配の握り方を巡って（上）」『相撲趣味』第146号、pp.42-53。
(11) 2005、「軍配の握り方を巡って（中）」『相撲趣味』第147号、pp.13-21。
(12) 2005、「軍配房の長さ」『専修人文論集』第77号、pp.269-96。
(13) 2005、「軍配房の色」『専修経営学論集』第81号、pp.149-79。
(14) 2005、「四本柱の色」『専修経営学論集』第81号、pp.103-47。
(15) 2005、「軍配の握り方を巡って（下）」『相撲趣味』第148号、pp.32-51。
(16) 2006、「南部相撲の四角土俵と丸土俵」『専修経営学論集』第82号、pp.131-62。
(17) 2006、「軍配の型」『専修経営学論集』第82号、pp.163-201。
(18) 2006、「譲り団扇」『専修大学人文科学研究所月報』第233号、pp.39-65。
(19) 2006、「天正8年の相撲由来記」『相撲趣味』第149号、pp.14-33。
(20) 2006、「土俵の構築」『専修人文論集』第79号、pp.29-54。
(21) 2006、「土俵の揚巻」『専修経営学論集』第83号、pp.245-76。
(22) 2007、「幕下格以下行司の階級色」『専修経営学論集』第84号、pp.219-40。
(23) 2007、「行司と草履」『専修経営学論集』第84号、pp.185-218。
(24) 2007、「謎の絵は南部相撲ではない」『専修人文論集』第80号、pp.1-30。
(25) 2007、「立行司の階級色」『専修人文論集』第81号、pp.67-97。
(26) 2007、「座布団投げ」『専修経営学論集』第85号、pp.79-106。
(27) 2007、「緋房と草履」『専修経営学論集』第85号、pp.43-78。
(28) 2008、「行司の黒星と規定」『専修人文論集』第82号、pp.155-80。
(29) 2008、「土俵の屋根」『専修経営学論集』第86号、pp.89-130。
(30) 2008、「明治43年5月以降の紫と紫白」『専修人文論集』第83号、pp.259-96。
(31) 2008、「明治43年以前の紫房は紫白だった」『専修経営学論集』第87号、pp.77-126。
(32) 2009、「昭和初期の番付と行司」『専修経営学論集』第88号、pp.123-57。
(33) 2009、「行事の帯刀」『専修人文論集』第84号、pp.283-313。
(34) 2009、「番付の行司」『専修大学人文科学年報』第39号、pp.137-62。
(35) 2009、「帯刀は切腹覚悟のシンボルではない」『専修人文論集』第85号、pp.117-51。
(36) 2009、「明治30年以降の番付と房の色」『専修経営学論集』第89号、pp.51-

106。
- (37) 2010、「大正時代の番付と房の色」『専修経営学論集』第90号、pp.207-58。
- (38) 2010、「明治の立行司の席順」『専修経営学論集』第92号、pp.31-51。
- (39) 2010、「改名した行司に聞く」『専修大学人文科学年報』第40号、pp.181-211。
- (40) 2010、「立行司も明治11年には帯刀しなかった」『専修人文論集』第87号、pp.99-234。
- (41) 2010、「草履の朱房行司と無草履の朱房行司」『専修経営学論集』第91号、pp.23-51。
- (42) 2010、「上覧相撲の横綱土俵入りと行司の着用具」『専修経営学論集』第91号、pp.53-69。
- (43) 2011、「天覧相撲と土俵入り」『専修人文論集』第88号、pp.229-64。
- (44) 2011、「明治時代の四本柱の四色」『専修大学人文科学年報』第41号、pp.143-73。
- (45) 2011、「行司の木村姓と式守姓の名乗り」『専修人文論集』第89号、pp.131-58。
- (46) 2011、「現役行司の入門アンケート調査」『専修経営学論集』第91号、pp.1-28。
- (47) 2012、「土俵三周の太鼓と触れ太鼓」『専修人文論集』第90号、pp.377-408。
- (48) 2012、「明治と大正時代の立行司とその昇格年月」『専修大学人文科学年報』第42号、pp.123-52。
- (49) 2012、「大正末期の三名の朱房行司」『専修人文論集』第91号、pp.143-74。
- (50) 2013、「江戸時代の行司の紫房と草履」『専修大学人文科学年報』第43号、pp.171-91。
- (51) 2013、「足袋行司の出現と定着」『専修人文論集』第92号、pp.165-96。
- (52) 2013、「十両以上の行司の軍配」『専修経営学論集』第96号、pp.49-69。
- (53) 2015、「軍配左端支えと軍配房振り」『専修人文論集』第97号、pp.510-32。

索　引

【あ行】

青房　47
麻上下熨斗目　74
異議申し立て　149
異議申立の物言（い）　149
入れ替えの要因　104
入れ替えリスト　121
謂れ　6, 11
陰（掌を下にして）　11
陰陽の観点　12
陰陽和合　11
印籠　147
団扇紫白打交之紐　61
団扇紐紫白打交　60
団扇紐紫白内（打）交　60
江戸相撲　29
御請書　43
大阪相撲　29, 35, 76

【か行】

改革案　155
顔触れ　177
格足袋行司　31
飾り紐　65
春日野部屋所属　139
かばい手　178

官位行司　28
官位の行司　29
関西相撲　144
菊綴（じ）　31, 64
規定の装束　147
義務教育終了者の優先的入れ替え　108
木村家　61
木村源之助　112
木村玉光　112
木村筆之助　111
行司会　6, 155
行司改革　156
行司改革の事項　154
行司学校　175
行司側の改正案　161
行司側の要望　160
行司監督　5
行司資格　46
行司昇進制度改正　142
行司装束改正　53, 55, 64
行司装束の改正　31, 47
行司賞罰規定　129, 132
行司制度改革案　133
行司魂　174
行司と賞罰規定　127
行司の入れ替え　103
行司の階級　25

190

索　引

行司の権威　157, 172
行司の権威の象徴　170
行司のストライキ　136
行司の年譜　175
行司の反乱　153
行司の房色と草履　25
行司番付編成　136
行司部屋　155, 176
行司部屋独立　166
蔵前国技館　155
黒糸格式　93
黒のみ　77
黒のみの記述　92
黒房　47
黒房と青房の文献　99
黒星数　104
黒星数による入れ替え　104
区分け　77
軍人会　144
軍配くつろぎ型　2
軍配のくつろぎ型　20
軍配の房色　25
軍配左端浮き型　2, 18
軍配左端支え　iii, 1, 2
軍配左端支え型　2
軍配房振り　iv, 1
権利の侵害　169
考課表　133, 137, 156
紅白房　42
国技館開館　73

【さ行】

祭主　149, 150
差し違い　178
差し違え　176
裁く番数　170, 172
式守伊之助の紫　33
式守家　61
四股踏み　1
獅子王の団扇　36, 37
紫白　26, 27, 54
紫白打交紐　61
紫白打交房免許　50
紫房の間の区別　72
締込　149
自由選択　77
朱房　39
春秋園事件　144
准立行司　27, 32, 36
純紫　25
准紫　26, 54
松翁の記事　10
賞罰規定　133
賞罰制度　133
勝負検査役　166
勝負検査役の独立　166
勝負誤判数　129
上覧相撲　14, 36, 39, 41, 171
職種　169
職務全般の文書化　167

191

白糸が混じった紫房　58
人権無視　159, 169
人権問題　162, 164
審査による入れ替え　117
信賞必罰　133
「審判規則」の「行司」　147
素足行司　91
ストライキ　165
相撲行司家伝　41
相撲通　78
成績評価基準　132, 136
青白房　44
関取　172
せり上がり　13
騒動決着直後のコメント　163
総紫　26, 54
草履の朱房行司　42
蹲踞　13

【た行】

立行司格　27
足袋格　45
地位の変動　103
着用品　25
塵浄水　1
突き手　178
露紐　64
定年制　176
天覧相撲　2, 17, 171
特殊技能　169

特進規定　142
特別昇進　143
特別職　169
年寄　5
年寄襲名制度　176
土俵祭（り）　149, 150

【な行】

二階級特進　144
二枚鑑札　166
年功序列　133, 136
年功序列制　136
年功序列制度　166, 178
年齢を考慮した入れ替え　109

【は行】

抜擢　142
抜擢改革　155
抜擢制度　113, 133, 144
抜擢制の昇進　133
抜擢の基準　133, 157
標　31
番付編成要領　128
半々紫白　26, 54
半々紫白の行司　35
控え行司　150
病気による入れ替え　110
副立行司　36, 175
房色と階級の一致　64
房振り　13, 22

索　引

房振り動作　17
別格扱い　139
本足袋行司　31
本中　91

【ま行】

前相撲　91
幕下十枚目行司　45
3つの型　2
3つの事項　17
見習　109
見習制度　109, 110
見習を導入した入れ替え　109
無官の行司　29
無草履の朱房行司　42

紫　27
明治の立行司の房色　56
免許状　29, 60
物言い　176

【や行】

役割と権利　167
有資格者　7, 171
譲り合いによる入れ替え　115
陽（掌を上にして）　11
吉田司家の紫　36

【ら行】

両手支え　4

著者紹介

根間 弘海（ねま　ひろみ）

昭和18年生まれ。専修大学名誉教授。専門は英語音声学・音韻論。趣味は相撲（特に行司）とユダヤ教の研究。英語テキストと相撲に関する著書は共著を含め、本書で92冊目となる。(a) 相撲では『ここまで知って大相撲通』（グラフ社）、『SUMOキークエスチョン258』（岩淵デボラ英訳、洋販出版）、『大相撲と歩んだ行司人生51年』（33代木村庄之助共著、英宝社）、『大相撲行司の世界』（吉川弘文館）、『大相撲行司の伝統と変化』、『大相撲行司の軍配房と土俵』、『大相撲の歴史に見る秘話とその検証』（専修大学出版局）がある。(b) 英語では『英語の発音とリズム』（開拓社）、『英語はリズムだ！』、『リズムに乗せれば英語は話せる』（ブレーブン・スマイリー共著、創元社）、『こうすれば通じる英語の発音』（ブレーブン・スマイリー共著、ジャパンタイムズ）などがある。

大相撲行司の房色と賞罰

2016年5月20日　　第1版第1刷

著　者　　根間　弘海
発行者　　笹岡　五郎
発行所　　専修大学出版局
　　　　　〒101-0051 東京都千代田区神田神保町3-10-3
　　　　　　　　㈱専大センチュリー内
　　　　　電話 03-3263-4230㈹

印　刷
製　本　　亜細亜印刷株式会社

©Hiromi Nema 2016　Printed in Japan
ISBN978-4-88125-307-6